高等职业教育“十三五”规划教材

电子商务概论

主　编　黎夏克　甘文婷　王　静

副主编　高俊君　黄　燕　刘　琛　殷佳玲

中国水利水电出版社
www.waterpub.com.cn
·北京·

内 容 提 要

本书以培养学生的电子商务职业技能为导向，采取“项目案例为载体、工作任务驱动”的教学方式，适用于“翻转课堂”式教学模式。本书以助理电子商务师岗位需求来设置教材内容，构建了多维度、全方位的电子商务应用场景内容，思路清晰，内容充实。

本书旨在让读者系统学习电子商务的概念、发展趋势、主流的技术以及具体平台应用等。读者通过本书的学习可以为接下来跨境电子商务方向、网站店运营方向、新媒体营销方向等专业核心课程的学习打下坚实的基础。本书精心设计了 8 大教学情境：电子商务概述、电子商务模式、电子商务基础环境、网上支付与结算、网络营销、移动电子商务、跨境电子商务、电子商务物流。每个学习情境均有来自企业的真实案例，项目任务与职业能力相符合，实用性较高，读者学习后可以掌握电子商务助理工作岗位的相关基本技能，还可以参加助理电子商务师职业资格考试。

本书可作为高职院校电子商务、市场营销等专业电子商务基础课程的教学用书，也可作为各类培训机构、电子商务从业人员以及爱好者的培训或学习用书。

图书在版编目（CIP）数据

电子商务概论 / 黎夏克，甘文婷，王静主编. -- 北京 : 中国水利水电出版社，2019.8
高等职业教育“十三五”规划教材
ISBN 978-7-5170-7874-6

Ⅰ. ①电… Ⅱ. ①黎… ②甘… ③王… Ⅲ. ①电子商务－高等职业教育－教材 Ⅳ. ①F713.36

中国版本图书馆CIP数据核字(2019)第167551号

策划编辑：陈红华　　责任编辑：张玉玲　　封面设计：李　佳

书　名	高等职业教育“十三五”规划教材 电子商务概论　DIANZI SHANGWU GAILUN
作　者	主　编　黎夏克　甘文婷　王　静 副主编　高俊君　黄　燕　刘　琛　殷佳玲
出版发行	中国水利水电出版社 （北京市海淀区玉渊潭南路 1 号 D 座　100038） 网址：www.waterpub.com.cn E-mail：mchannel@263.net（万水） sales@waterpub.com.cn 电话：（010）68367658（营销中心）、82562819（万水）
经　售	全国各地新华书店和相关出版物销售网点
排　版	北京万水电子信息有限公司
印　刷	三河市鑫金马印装有限公司
规　格	184mm×260mm　16 开本　9.25 印张　231 千字
版　次	2019 年 8 月第 1 版　2019 年 8 月第 1 次印刷
印　数	0001—3000 册
定　价	25.00 元

前　言

随着我国互联网技术的迅速发展，电子商务迅速普及，使得人们无时无刻不在同其发生着密切的联系。电子商务技术的运用如今已经非常普遍，已经形成了其特有的商业经营理念及模式。中国互联网络信息中心发布的第43次《中国互联网络发展状况统计报告》显示，截至2018年12月，我国网络购物用户规模达6.10亿，年增长率为14.4%，网民使用率为73.6%。我国首部电子商务法——《中华人民共和国电子商务法》的正式出台，对电子商务行业持续健康发展具有重大意义。在经历多年高速发展后，网络消费市场逐步进入提质升级的发展阶段，供需两端"双升级"正成为电子商务行业新一轮增长的驱动力。

电子商务发展至今，不再是要不要做、有没有价值的问题，而是如何去做、如何进一步创新商业模式的问题。今天，"要么电子商务，要么无商可务"的预言已经得到印证，人们需要电子商务，也离不开电子商务，电子商务已经走进人们的生活，成为人们生活的一部分：提高生活品质，使用个人理财，提升工作效率，开拓商业新格局。

"电子商务概论"课程设计遵循以助理电子商务师职业资格考试的考试大纲为基础，将电子商务就业岗位职业能力的培养作为重要理念，突出校企合作中企业真实案例的实施流程，基于模块引领、任务驱动的课程开发与设计，充分体现了高职教育教学改革的特点。

本书共分8个学习情境，针对高职学生的特点，将不同知识点融入不同的学习情境，结合了大量案例，坚持科学性、实用性、先进性的原则，力求将最新的电子商务理念与模式融入书中，做到与行业企业需求相一致，有一定的可借鉴性。每个学习情境后面设有知识小结和知识巩固，方便教学与自我学习；在学习情境的编排上力求案例新颖、重点突出，以提升学习效率。

在对众多同类教材进行广泛调研后，结合部分电子商务培训机构的教学方式、教学内容等方面，本书进行了针对性的设计与编写。本书特点如下：

（1）思路清晰、架构系统。按目前主流的案例、项目教学法设计每个学习情境的内容，完成模块化教学。

（2）紧跟电子商务行业最新发展，有较强的实战性。紧跟电子商务的热点内容，融合了跨境电子商务方向、新媒体运营方向、网站店运营方向的部分前导课程知识内容，让学生在基础课程的学习中，对未来进行专业方向选择奠定基础。

（3）丰富的阅读材料有利于教师进行"翻转课堂"式教学。本书既有最新的与电子商务相关的国家宏观政策文件，也有电子商务企业经典营销案例，体现了课程的职业性，让学生在学习的过程中感受到电子商务行业发展的魅力所在。

在本书的编写过程中，参考和借鉴了有关著作，查阅了大量资料，在此向各位作者表示由衷的感谢。另外，感谢惠州经济职业技术学院校企合作单位深圳市前海雨人供应链管理有限公司刘新亮经理提供的真实电子商务运营案例，感谢惠州原始人科技有限公司邱小亮经理提供新媒体运营的实训指引，鉴于电子商务涉及的内容具有可变性和时效性等特点，加之时间仓促，书中疏漏与不足之处在所难免，恳请广大读者批评指正。

编　者

2019年4月

目　　录

学习情境一　电子商务概述

学习目标

- 了解电子商务的含义、特点及分类。
- 掌握电子商务与传统商务的区别。
- 了解电子商务发展的历程与现状。

案例导入

2018 年 11 月 11 日，阿里巴巴天猫“双十一”开场 2 分 5 秒，总交易额超 100 亿元；1 小时 47 分，总成交额超 1000 亿元；15 小时 49 分 39 秒，总成交额超 1680 亿元，超过 2017 年天猫“双十一”全天成交额；22 时 28 分 37 秒，总成交额超 2000 亿。截至 2018 年 11 月 12 日零点，2018 年天猫“双十一”总成交额为 2135 亿，如图 1-1 所示。天猫“双十一”当天全国网络零售交易额突破 3000 亿元，再创历史新高。2018 年是天猫“双十一”的第 10 个年头。经过 10 年发展，天猫“双十一”已经成为全球电子商务购物节。据阿里巴巴方面数据显示，2018 年天猫“双十一”，有 75 个国家和地区、超过 19000 个海外品牌参与到中国电子商务购物节的相关活动中。

图 1-1　2018 年天猫“双十一”成交额

2018年天猫“双十一”当天全国网络零售交易额突破3000亿元，再创历史新高。据商务大数据监测，这一交易额同比增长约27%。2018年天猫“双十一”我国网络零售市场呈现六大特点。

（1）国际化程度进一步提高。2018年11月1日至11日，跨境电子商务进口商品销售额超过300亿元，日本、美国、韩国、澳大利亚、德国位列进口来源国前5位，国内某知名电子商务平台一家就引入75个国家和地区的近1.9万个海外品牌商品参与促销。同时，有200多万海外消费者在我国电子商务平台上消费近30亿元。

（2）消费向年轻人和三四线城市居民延伸。新增网购人群主要是年轻人和三四线城市居民，“80后”“90后”年轻消费群体占比超过70%，成为消费主力军。

（3）品牌消费趋势明显。消费者更倾向于购买知名品牌商品，其中国产品牌更加受到青睐，天猫“双十一”销售额前10名品牌中，国产品牌占6个；销售量前10名品牌中，国产品牌占8个；中华老字号的销量超过28亿元。

（4）业态模式更活。除了传统电子商务平台，社交电子商务成为市场的新增量，更好地满足了消费者个性化、多元化的需求。

（5）配送效率进一步提升。凭借大数据、智能仓储、物流机器人等新技术的广泛应用，2018年天猫“双十一”电子商务物流效率进一步提升，配送时效由以天为单位向以小时和分钟为单位迈进，物流配送更加高效、精准。

（6）线上线下加速融合。数百万家线下实体店参与了此次天猫“双十一”的促销活动，各大电子商务平台也大力发展线下业务，推动线上线下联动的全渠道购物。

模块一　认识电子商务

任务一　电子商务的含义

电子商务是以信息网络技术为手段，以商品交换为中心的商务活动，也可理解为在互联网（Internet）、企业内部网（Intranet）和增值网（Value Added Network，VAN）上以电子交易方式进行交易和相关服务的活动，是传统商业活动各环节的电子化、网络化、信息化。

电子商务是利用计算机技术和网络通信技术进行的商务活动。各国政府、学者、企业界人士根据自己所处的地位和对电子商务参与的角度和程度的不同，对电子商务给出了许多不同的定义。但是，电子商务不等同于商务电子化。一般将电子商务划分为广义和狭义的电子商务。

广义上讲，电子商务（Electronic Business，EB）就是通过电子手段进行的商业事务活动。通过使用互联网等电子工具，使公司内部、供应商、客户和合作伙伴之间利用电子业务共享信息，实现企业间业务流程的电子化，配合企业内部的电子化生产管理系统，提高企业的生产、库存、流通和资金等各个环节的效率。狭义上讲，电子商务（Electronic Commerce，EC）是指通过互联网等电子工具在全球范围内进行的商务贸易活动，是以计算机网络为基础进行的各种商务活动，包括商品和服务的提供者、广告商、消费者、中介商等有关各方行为的总和。人们一般理解的电子商务是指狭义上的电子商务。无论是广义的还是狭义的电子商务概念，电子商务都涵盖了两个方面：一是离不开互联网这个平台，没有了网络，就称不上电子商务；二是通过互联网完成的一种商务活动。

联合国国际贸易程序简化工作组对电子商务的定义是：采用电子形式开展商务活动，它包括在供应商、客户、政府及其他参与方之间通过任何电子工具，如 EDI（Electronic Data Intercharge，电子数据交换）、Web 技术、电子邮件等共享非结构化商务信息，并管理和完成在商务活动、管理活动和消费活动中的各种交易。

电子商务的基本概念由交易主体、电子市场、交易事务、物流、资金流和信息流等基本要素构成。交易主体是指能够从事电子商务活动的客观对象；电子市场是指 EC 实体从事商品和服务交换的场所；交易事务是 EC 实体之间所从事的具体商务活动的内容；物流是指商品和服务的配送和传输的渠道；资金流是资金的转移过程，包括付款、转账、兑换等过程；信息流包括商品信息的提供、促销、营销、技术支持和售后服务等内容，还包括交易方的支付能力、支付信誉和中介信誉等。

任务二　电子商务的特点

电子商务综合运用信息技术，以提高贸易伙伴间商业运作效率为目标，将一次交易全过程中的数据和资料用电子方式实现，在商业的整个运作过程中实现交易的直接化、无纸化。电子商务可以使贸易环节中各个商家和厂家更加紧密地联系起来，更快地满足客户需求，在全球范围内选择贸易合作伙伴，以最小的投入获得最大的回报。电子商务与传统的商务活动方式相比，有以下特点。

（1）交易虚拟化。通过计算机互联网进行的交易，交易双方无论是交易磋商、签订合同还是支付款项都不需要当面进行，都可以通过计算机互联网完成，整个过程完全虚拟化。虚拟现实、网上聊天等新技术的发展使买方能够根据自己的需求选择卖方，并将信息反馈给卖方，通过信息的交互传递，买卖双方签订电子合同，完成交易并进行电子支付，从而实现交易的虚拟化。

（2）交易成本低。当买卖双方所处距离越远时，使用网络进行信息传递的成本相对于书信、电话、传真等就越低，且缩短了时间。实行无纸化交易可减少 90%的文件处理费用，降低管理成本。买卖双方通过网络进行商务活动，不需要中介的参与，可以减少有关环节和费用。卖方的产品宣传等在互联网上无需印刷等费用，降低了宣传成本。无需地面店铺，大大降低了经营成本。

（3）交易效率高。互联网将交易中的商业报文标准化，能在世界各地瞬间完成传递并实现计算机自动处理、原料采购、产品生产、产品销售、银行汇兑、保险、货物托运以及申报等过程，在无需人员干预的情况下，能在最短时间内完成；不像传统方式的每个环节都要人力、物力而且花时间、易出错。电子商务克服了传统交易方式费用高、易出错、处理速度慢等缺点，极大地缩短了时间，使交易更快捷、方便。

（4）交易透明化。交易双方无论是交易磋商、签订合同还是支付款项，整个过程都在网上进行。通畅快捷的信息传输可以保证各种信息之间互相核对，可以防止伪造信息。

（5）交易全球化。电子商务使全世界的人们都能及时了解到国际上的供需信息，促进国际商务活动的开展。电子商务全球化越来越频繁。

任务三 电子商务的分类

电子商务按照不同的标准，可划分为不同的类型。

1. 按照使用网络的类型分类

（1）基于 EDI 的电子商务。基于 EDI 的电子商务是按照一个公认的标准和协议，将商务活动中涉及的文件标准化、格式化，通过计算机网络，在贸易伙伴的计算机网络系统之间进行数据交换和自动处理。EDI 是商务往来的重要工具，它被认为是电子商务的早期形式，因此基于 EDI 往来的电子商务称为 EDI 电子商务。

（2）基于互联网的电子商务。基于互联网的电子商务是指利用联通全球的网络开展的电子商务活动，是基于 Internet 网络的商务活动的总称。这是本书讨论的重点。

（3）基于内联网的电子商务。基于内联网的电子商务是指一个大型企业的内部或一个行业内开展的电子商务活动，通过这种形式形成一个商务活动链，这样可以大大提高工作效率和降低业务的成本。

2. 按照商务活动的内容分类

（1）间接电子商务（又称有形产品电子商务）。间接电子商务是指实物商品的交付不能通过计算机网络实现，有形货物的电子订货和付款仍然需要利用传统渠道如邮政服务和商业快递车送货。因此这类电子商务又可称为不完全电子商务。

（2）直接电子商务（又称无形产品电子商务）。直接电子商务是指将无形货物和服务，如某些计算机软件、娱乐产品的联机订购、付款和交付，或者全球规模的信息服务通过网络直接向消费者提供。因此这类电子商务又可称为完全电子商务。

3. 按照交易对象分类

（1）企业与企业之间（Business to Business，B2B）的电子商务。企业与企业之间的电子商务是电子商务应用最重要、最受企业重视的形式，企业可以通过 Internet 或其他网络寻找最佳的合作伙伴，完成谈判、订货、签约、付款以及索赔处理、商品发送和运输跟踪等全部交易行为。

（2）企业与消费者之间（Business to Customer，B2C）的电子商务。企业与消费者之间的电子商务是消费者在 Internet 上直接参与经济活动的形式。目前，在互联网上遍布各种类型的商业中心，提供各种消费商品和服务。

（3）消费者与消费者之间（Customer to Customer，C2C）的电子商务，消费者与消费者之间的电子商务是个人对个人的模式，是消费者与消费者之间的交易。互联网为个人经商提供了便利，C2C 电子商务的典型形式是网上拍卖，就是通过为买卖双方提供一个在线交易平台，使卖方可以主动提供商品在网上拍卖，而买方可以自行选择商品进行竞价。

（4）企业与政府之间（Business to Government，B2G）的电子商务，企业与政府之间的电子商务活动覆盖企业与政府组织间的各项事务，如政府采购、税收、商检、管理条例发布等。一方面，政府通过网上服务为企业创造良好的电子商务空间；另一方面，政府作为消费者，通过互联网进行采购，公开、透明、高效地完成所需物品的采购，为企业提供大量的商机。

随着电子商务日新月异的发展，电子商务模式也在不断创新和发展。只要能够降低成本、提高效益，确实能带来更多的社会价值和商业价值，就是好的商业模式，也是具有生命力的商业模式。

任务四 电子商务的功能

电子商务可提供网上交易和管理等全过程的服务。因此，它具有广告宣传、咨询洽谈、网上订购、网上支付、电子账户、服务传递、意见征询、交易管理等各项功能。

1. 广告宣传

电子商务可凭借企业的 Web 服务器和客户的浏览，在互联网上发布各类商业信息。客户可借助网上的检索工具迅速地找到所需商品信息，而商家可利用网上主页和电子邮件在全球范围内进行广告宣传。与以往的各类广告相比，网上的广告成本最为低廉，而给顾客的信息量却最为丰富。

2. 咨询洽谈

电子商务可借助非实时的电子邮件、新闻组和实时讨论组来了解市场和商品信息、洽谈交易事务；如果有进一步的需求，还可用网上的白板会议来交流即时的图形信息。网上的咨询和洽谈能超越人们面对面洽谈的限制，提供多种方便的异地交谈形式。

3. 网上订购

电子商务可借助 Web 中的邮件交互传送实现网上订购。网上订购通常都是在产品介绍的页面上提供十分友好的订购提示信息和订购交互格式框，当客户填完订购单后，通常系统会回复确认信息单来保证订购信息的收悉。订购信息也可采用加密的方式使客户和商家的商业信息不被泄漏。

4. 网上支付

电子商务要成为一个完整的过程，网上支付是重要的环节。客户和商家之间可采用信用卡账号实施支付。在网上直接采用电子支付手段可省略交易中很多人员的开销。网上支付将需要更为可靠的信息传输安全性控制以防止欺骗、窃听、冒用等非法行为。

5. 电子账户

网上支付需要电子金融的支持，即银行或信用卡公司及保险公司等金融单位要为金融服务提供网上操作的服务，而电子账户管理是其基本的组成部分。信用卡号或银行账号都是电子账户的一种标志，其可信度需配以必要的技术措施来保证，如数字凭证、数字签名、加密工具等，这些手段的应用提供了电子账户操作的安全性。

6. 服务传递

对于已付了款的客户应将其订购的货物尽快地传递到其手中。实际中，有些货物在本地、有些货物在异地，电子邮件将能在网络中进行物流的调配。最适合在网上直接传递的货物是信息产品，如软件、电子读物、信息服务等，这类商品能直接从电子仓库中将货物发到用户端。

7. 意见征询

电子商务能十分方便地采用网页上的“选择”“填空”等格式的文件来收集用户对销售服务的反馈意见，这样使企业的市场运营能形成一个封闭的回路。客户的反馈意见不仅能提高售后服务的水平，更能使企业获得改进产品、发现市场的商业机会。

8. 交易管理

整个交易的管理将涉及人、财、物多个方面，包括企业和企业、企业和客户及企业内部等各方面的协调和管理。因此，交易管理是涉及商务活动全过程的管理。电子商务的发展，将会提供一个良好的交易管理的网络环境及多种多样的应用服务系统，这样能保障电子商务获得更广泛的应用。

模块二　电子商务的发展与框架

任务一　电子商务的起源与发展

1. 电子商务的起源

电子商务并非新兴之物。早在1839年，当电报刚出现的时候，人们就开始了对运用电子手段进行商务活动的讨论。当贸易开始以莫尔斯码点和线的形式在电线中传输的时候，就标志着运用电子手段进行商务活动的开始。

电子商务是在与计算机技术、网络通信技术的互动发展中产生和不断完善的，到了20世纪40年代，计算机的发明及其不断的更新换代，使计算机已广泛用于商务活动和各种管理工作，互联网的产生与发展进一步推动了电子商务的发展。电子商务依托于互联网，随着其爆炸性发展而急剧发展。

电子商务最初起源于计算机的电子数据处理（Electronic Data Processing，EDP）技术从科学计算向文字处理和商务统计报表处理应用的转变。字处理软件和电子表格软件的出现，为标准格式（或格式化）商务单证的 EDI 开发应用提供了强有力的工具。政府或企业的采购、企业商业文件的处理，从手工书面文件的准备和传递转变为电子文件的准备和传递。随着网络技术的发展，电子数据资料的交换，又从磁带、软盘等电子数据资料物理载体的寄送转变为通过专用的增值通信网络进行传送，近年来更转移到通过公用的互联网进行传送。银行间的电子资金转账技术与企事业间 EDI 技术相结合，产生了早期的电子商务，或称电子商贸（Electronic Commerce，EC）。信用卡、自动柜员机（ATM）、零售业销售终端（POS）和联机电子资金转账技术的发展，以及相应的网络通信技术和安全技术的发展，使得今天网上持卡购物（B2C）与企业之间网上交易（B2B）这两种模式的电子商务得到飞速地发展。

2. 电子商务的发展

电子商务的发展大约经历了三个阶段。

第一阶段：20世纪50年代中期，美国出现了“商务电子化”的概念，当时是指利用电子数据处理设备使簿记工作自动化。1964年，美国 IBM 公司研制出了用磁带存储数据的打印机，第一次在办公室中引入商业文书处理的概念，1969年又研制出磁卡打印机进行处理。至20世纪70年代中期，工业化国家已经普遍采用文字处理机、复印机、传真机、专用交换机等商业电子化设备实现了单项商业业务的电子化。

第二阶段：20世纪70年代微电子技术的发展，特别是个人计算机的出现，使商业电子化进入了以应用微型计算机、文字处理和局域网络为特征的新阶段。此阶段，以计算机、网络通信和数据标准为框架的电子商业系统应运而生。电子商业系统把分散在各商业领域的计算机系统连接成计算机局域网络。在此阶段通常采用电子报表、电子文档、电子邮件等新技术和功能强大的商业电子化设备。

第三阶段：从20世纪80年代后期开始，商业电子化向建立商业综合业务等数字网的方向发展。在此阶段出现了功能强大的电子商业软件包、多功能的电子商业工作站和各种联机电子商业设备，如电子白板、智能复印机、智能传真机、电子照排及印刷设备、复合电子文件系统等。随着对电子通信标准的研究、电子数据系统的开发，以及计算机开始运用于商业数据的收集、处理，电子商务时代真正来临了。

20 世纪 90 年代中期以后，互联网迅速普及，逐步地从大学、科研机构走向企业和老百姓家庭，其功能也从信息共享演变为一种大众化的信息传播工具。从 1991 年起，一直被排斥在互联网之外的商业贸易活动正式进入到这个王国。

任务二　我国电子商务的发展现状及趋势

1. 我国电子商务的发展现状

我国电子商务的宣传声势和兴起比国外要晚。1997 年到 1998 年，电子商务在我国开始成为一个热门话题，这两年连续举办了两届中国电子商务应用与市场研讨会。1998 年 4 月，我国举办了上海国际电子商务论坛，许多部委派人参加了这次会议。1998 年 11 月，中国电子商务发展战略国际研讨会在北京举办。此次会议研究了中国电子商务发展战略和中国发展电子商务配套体制等问题，探索一条适合中国国情的电子商务发展模式。

我国电子商务发展共经历了四个阶段。

（1）1998 年到 2000 年，电子商务进入萌芽阶段。这个阶段的信息化水平低，大众对电子商务缺乏了解，网民数量很少，网民的网络生活还停留在电子邮件和新闻浏览的阶段，网民未成熟，市场未成熟。此阶段出现了以 8848 为代表的 B2C 网站。

（2）2000 年到 2007 年，电子商务进入基础建设期。网民逐渐接受网购，电子商务基础环境不断成熟，物流、支付水平不断提升。2003 年淘宝网成立，阿里巴巴推出支付宝；2004 年京东开始发展电子商务。

（3）2008 年到 2014 年，电子商务进入快速发展时期。线下企业开始布局电子商务，垂直细分电子商务平台发展迅速。

（4）2015 年至今，电子商务进入移动电子商务发展时期。2015 年，移动端交易规模占比超过 PC 端，进入移动电子商务时代。新势力逐渐崛起，市场更加多元化。

互联网的发展是电子商务发展的必备条件，根据 2018 年 8 月 20 日中国互联网络信息中心（China Internet Network Information Center，CNNIC）发布的第 42 次《中国互联网络发展状况统计报告》，我国互联网络发展具有以下特点。

（1）网民规模。截至 2018 年 6 月，我国网民规模为 8.02 亿，上半年新增网民 2968 万人，较 2017 年年末增加 3.8%，互联网普及率达 57.7%，如图 1-2 所示。

（2）手机网民规模。截至 2018 年 6 月，我国手机网民规模达 7.88 亿，上半年新增手机网民 3509 万人，较 2017 年年末增加 4.7%。网民中使用手机上网人群的占比由 2017 年的 97.5% 提升至 98.3%，网民手机上网比例继续攀升，如图 1-3 所示。

随着网络环境的日益完善、移动互联网技术的发展，各类移动互联网应用的需求大增。从基础的娱乐沟通、信息查询，到商务交易、网络金融，再到教育、医疗、交通等公共服务，移动互联网塑造了全新的社会生活形态，慢慢改变着网民的日常生活。

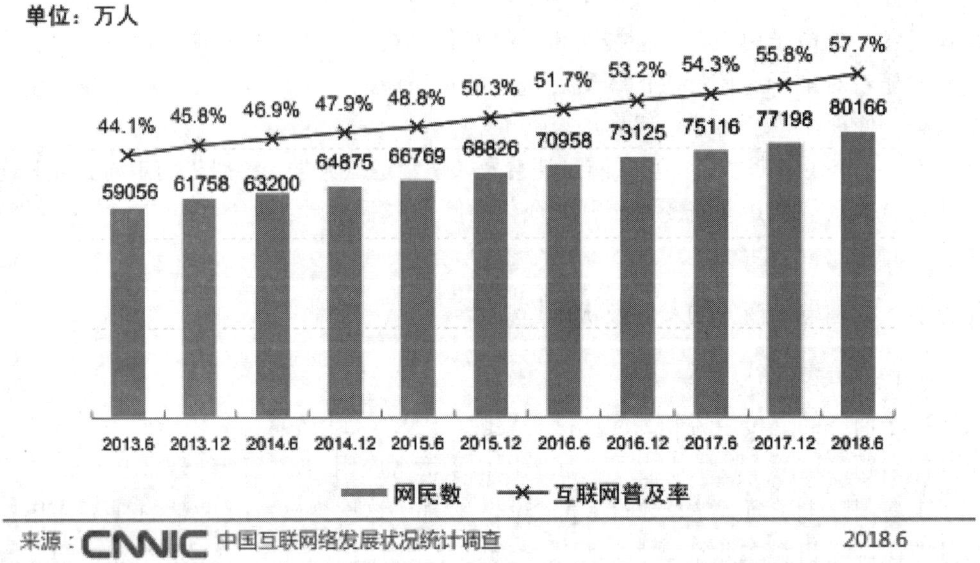

图 1-2　中国网民规模和互联网普及率

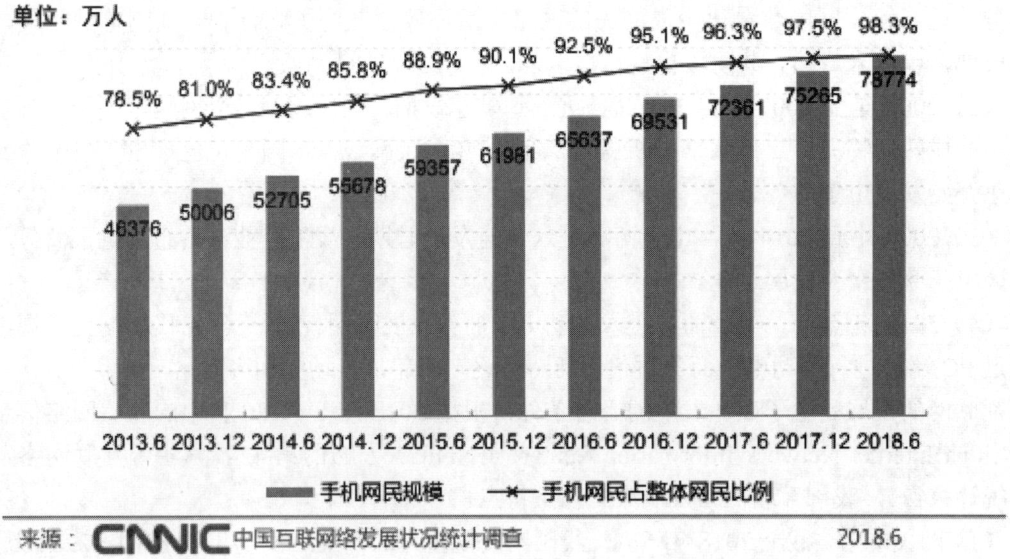

图 1-3　中国手机网民规模及其占网民比例

（3）农村网民规模。截至 2018 年 6 月，我国城镇地区互联网普及率为 72.7%，农村地区互联网普及率为 36.5%，与 2017 年年末相比均有所提升，互联网在城镇地区的渗透率明显高于农村地区。由于城乡经济发展程度不同，城乡网民在不同应用类别上的使用情况有所差异。一方面，城镇网民在网络购物、旅行预订、网上支付及互联网理财等应用的使用率高于农村网民；另一方面，城乡网民在即时通信、网络音乐、网络视频等应用表现出的差异较小。我国电子商务未来将大力发展农村电商。我国网民城乡结构统计如图 1-4 所示。

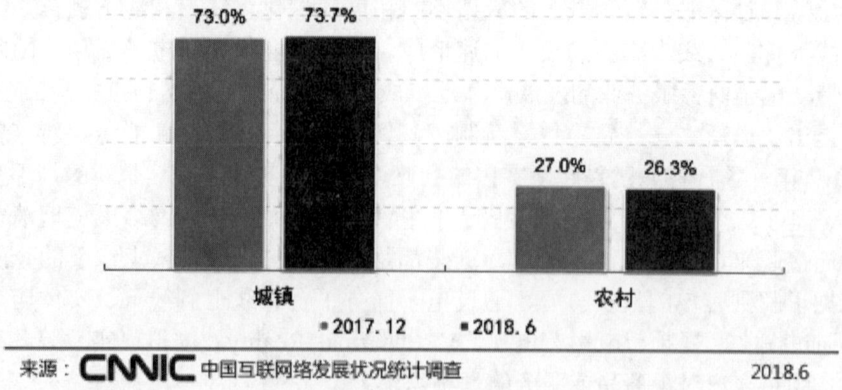

图 1-4　中国网民城乡结构

（4）网络购物用户规模。截至 2018 年 6 月，我国网络购物用户规模近 5.69 亿，相较 2017 年年末增长 6.7%，占网民总体比例达到 71.0%。手机网络购物用户规模约 5.57 亿，相较 2017 年年末增长 10.2%，使用比例达到 70.7%。2018 年上半年，我国网上零售交易额达到 40810 亿元，同比增长 30.1%，继续保持稳健增长势头。从行业趋势来看，电商与社交、内容融合趋势进一步加强。微信小程序、京东和淘宝推出社交电商应用“拼购”和“淘宝特价版”等都反映出社交正在成为电子商务业务拓展的重要方式。同时，电子商务与内容业务交叉融合加速。电子商务平台通过短视频打造多元化购物场景，如淘宝推出生活消费短视频应用；内容平台跨界拓展电商业务，部分短视频企业上线电子商务购买链接等。网络购物/手机网络购物用户规模及使用率统计如图 1-5 所示。

图 1-5　网络购物/手机网络购物用户规模及使用率

2. 我国电子商务的发展趋势

虽然我国电子商务发展起步比较晚，同发达国家相比还存在较大差距，但在政府、企业和消费者的共同推动下，我国电子商务将在进一步规范的环境中得到更加快速的发展，并呈现以下六个方面的趋势。

（1）实体经济和网络经济融合，成为电子商务的发展方向。电子商务在我国工农业生产、商贸流通、旅游和社区服务等领域中的应用不断拓展和深化。线上和线下融合，线上营销、线下成交或线下体验、线上购买的模式加速形成。随着企业供应链电子商务、国际电子商务的发展，将带动电子商务服务业的发展，并逐步成为国民经济新的增长点。马云在 2016 年的云栖大会上提出“五新”——新零售、新制造、新金融、新技术、新能源。新零售并非一句口号。在 2017 年，各行各业已兴起新零售的会议、讨论、实践。既然是新的，那么一定是跟之前不同的。基于大数据、基于用户、基于多平台合作，利用各种网络渠道把消费者、商家和零售场所连接起来，线上与线下融合，这些都是新零售的范畴。线上线下的企业通过大数据的分析挖掘了解到客户的真实喜好，通过电子商务平台、线上到线下、实体店等各个渠道的展现，再通过图文、视频、电影、电视、VR（Virtual Reality，虚拟现实）等各种互联网方式连接客户，满足客户对于商品或服务的真实需求。

（2）技术、需求与投资推动电子商务快速发展。在云计算、物联网、移动通信等新一轮信息技术革命的驱动下，电子商务将不断创新应用模式，基于移动互联网、网络社区、LBS（基于位置的服务）等新兴模式不断涌现。我国社会结构和消费观念的变革将给电子商务发展带来新空间，年轻一代逐步成为消费主力军。电子商务支撑体系进一步完善，电子商务发展的内生动力持续增强。

（3）跨境电子商务成为我国企业寻求海外商机的新选择。随着我国跨境电子商务政策、制度环境的逐步完善，在电子商务服务企业的带动下，跨境电子商务将进一步发挥中国制造的产品优势，促进“中国制造”向“中国营销”和“中国创造”加速转变。

2016 年，马云走访了几十个欧洲、美洲国家，见了很多西方国家的元首，大力推广阿里巴巴的商业模式。在 G20 峰会上，马云更是提出电子世界贸易平台（Electronic World Trade Platform，e-WTP），主张将全球跨境的贸易体系、金融体系、物流体系进行整合。在俄罗斯、巴西、西班牙、法国等国家，全球速卖通已经成为老百姓首选的网上购物平台。在中国，拥有超强购买力的中产阶级，选择在阿里巴巴旗下的天猫国际平台购买境外商品。这“一出一进”，正是跨境电子商务出口和进口的两条线路。跨境电子商务的“一出一进”是在业务模式上的分析。而在商业模式上，阿里巴巴把“让天下没有难做的生意”的模式复制到全世界，解决当地的就业问题，这是任何一个地方政府都想要的。总之，阿里巴巴会把在中国已经成功的电子商务模式推广到全世界。除了阿里巴巴，京东、敦煌网等其他电子商务平台也在向境外扩张，未来跨境电子商务会全面迎来绽放式发展。

（4）电子商务应用向新的广度和深度发展。大型企业供应链和商务协同水平不断提高，中小企业积极融入龙头企业电子商务购销体系。电子商务将融合物流供应链，有效地把物流渠道、商业渠道及信息渠道进行捆绑。此外，营销将向精准化方向发展，通过每一个客户在网上的消费，就能够判断消费者真正的需求，从而准确地推荐所需商品。

（5）政府继续大力支持农村电子商务，使农村电子商务走向标准化、规模化，得到不断完善。农特产品的创新、标准化，小电子商务的企业化，将是未来农村电子商务的主要方向。农特产品的生产、包装、营销都将标准化，因为只有标准化才能规模化。而手工类的农特产品，更多需要的不是标准化，而是手工艺的创新并与时代接轨。

（6）社群电子商务龙头出现。微商通过几年的时间已经带动了上千万的社群电子商务玩家，社群电子商务也是阿里妈妈的变相形式，拼多多的快速崛起说明了社群电子商务的趋势到来。

任务三　电子商务的框架

1. 电子商务的系统框架

电子商务系统建设是一个能够支持多种应用，并需要社会广泛支持的系统工程。这项工程既包括网络基础设施建设，又需要搭建与之密切相关的内容服务、支付服务、安全服务、物流服务等其他基础服务平台，同时也有赖于公共政策和技术标准等软环境的不断完善。

电子商务的基本框架结构是指实现电子商务从技术到一般服务层所应具备的完整的运作基础，它在一定程度上改变了市场构成的基本结构。传统的市场交易链是在商品、服务和货币交换过程中形成的。而今，电子商务的应用强化了一个重要因素——信息，于是就有了信息服务、信息商品和电子货币等。从总体上看，电子商务框架结构由四个支柱和两个支撑点构成。

第一支柱——网络基础设施，它是实现电子商务的最底层的硬件基础设施，是信息传播系统，包括远程通信网、有线电视网、无线通信网和互联网。这些网络都在不同程度上提供电子商务所需的传输线路，但是大部分的电子商务运作还是基于互联网。

第二支柱——在网络层提供的信息传输线路上，通过互联网传输信息的内容，如文本、声音、图像等。最常用的信息发布所应用的是万维网，即应用超文本标记语言将信息发布在万维网上。

第三支柱——贸易服务的基础设施。基础设施主要包括标准的商品目录服务、建立价目表、电子支付工具的开发、保证商业信息安全传送的方法、认证买卖双方合法性的方法等。

第四支柱——电子商务的实际应用层。电子商务的具体应用范围较广，包括供应链管理、电子市场及电子广告、网上购物、网上娱乐、有偿信息服务及网上银行。

电子商务的两个支撑点是框架结构得以存在并能应用的基础。相关的政策及法律法规是电子商务框架的第一个支撑点，电子商务的第二个支撑点是各种技术标准及相应的网络协议。

2. 电子商务的经济学框架

电子商务中的任何一笔交易，都包含着四种基本的“流”，即信息流、商流、资金流、物流。“四流”互为存在，密不可分，相互作用，既是独立存在的单一系列，又是一个组合体。将商流、物流、资金流和信息流作为一个整体来考虑和对待，会产生更大的能量，创造更大的经济效益。

（1）信息流。信息流是指为达成电子交易而在网络上买卖双方之间进行的相关信息的流动与交换，既包括商品信息的提供、促销行销、技术支持、售后服务等内容，也包括诸如询价单、报价单、付款通知单、转账通知单等商业贸易单证，还包括交易方的支付能力、支付信誉等。

（2）商流。商流是指商品在买卖双方之间进行交易和商品所有权转移的运动过程，具体是指商品交易的一系列活动，如电子合同的填写、传递、修改等。

（3）资金流。资金流是指资金的转移过程，包括付款、转账等过程。

（4）物流。物流作为四流中最为特殊的一种，是指物质实体（商品或服务）的流动过程，具体指运输、储存、配送、装卸、保管、物流信息管理等各种活动。

知识小结

（1）电子商务是以信息网络技术为手段，以商品交换为中心的商务活动，也可理解为在互联网（Internet）、企业内部网（Intranet）和增值网（Value Added Network，VAN）上以电子交易方式进行交易和相关服务的活动，是传统商业活动各环节的电子化、网络化、信息化。

（2）电子商务的特点包括交易虚拟化、交易成本低、交易效率高、交易透明化、交易全球化。

（3）间接电子商务（又称有形产品电子商务）是指实物商品的交付不能通过计算机网络实现，有形货物的电子订货和付款仍然需要利用传统渠道如邮政服务和商业快递车送货。因此这类电子商务又可称为不完全电子商务。

（4）直接电子商务（又称无形产品电子商务）是指将无形货物和服务，如某些计算机软件、娱乐产品的联机订购、付款和交付，或者全球规模的信息服务通过网络直接向消费者提供。因此这类电子商务又可称为完全电子商务。

（5）电子商务的功能包括广告宣传、咨询洽谈、网上订购、网上支付、电子账户、服务传递、意见征询、交易管理。

（6）电子商务中的任何一笔交易，都包含着四种基本的“流”，即信息流、商流、资金流、物流。“四流”互为存在，密不可分，相互作用，既是独立存在的单一系列，又是一个组合体。将商流、物流、资金流和信息流作为一个整体来考虑和对待，会产生更大的能量，创造更大的经济效益。

知识巩固

一、名词解释

电子商务　　信息流　　资金流　　物流　　B2B 电子商务

二、单项选择题

1．下列不属于电子商务特点的是（　　）。

A．交易成本高　B．交易透明化　C．效率高　D．全球化

2．企业间网络交易的简写为（　　）。

A．G2B　B．G2C　C．B2C　D．B2B

3．电子商务根据使用网络类型可以分为三类，以下选项中不正确的是（　　）。

A．EDI 商务　B．LAN 商务

C．Internet 商务　D．Intranet 商务

4．电子商务的运作过程包括信息流、物流和（　　）。

A．数据流　B．知识流　C．资金流　D．企业流

5．目前，在互联网上遍布各种类型的商务中心，面向消费者提供鲜花、书籍到计算机、汽车等各种消费商品和服务，这种属于（　　）的电子商务。

A．B2B　B．B2C　C．B2G　D．C2C

三、多项选择题

1．按交易的商品内容把电子商务分为（　　）。
A．间接电子商务　　B．直接电子商务
C．传统电子商务　　D．移动电子商务

2．下列选项中，（　　）是电子商务的主要功能。
A．企业网络经营　　B．企业信息发布
C．网上购物　　D．网上招投标
E．网上聊天

3．无形产品的电子商务模式有（　　）。
A．网上订阅模式　　B．付费浏览模式
C．广告支付模式　　D．网上赠与模式

4．下列关于电子商务正确的表述有（　　）。
A．电子商务是一种采用最先进信息技术的买卖方式
B．电子商务是人们利用现代信息技术所进行的商务活动
C．电子商务实质上形成了一个虚拟的市场交易场所
D．电子商务也就是商务电子化

5．电子商务对消费者购物的影响包括（　　）。
A．改变了消费者信息搜集的方式　　B．改变了消费者的兴趣爱好
C．改变了消费者购后行为　　D．以上都是

四、简答题

1．简述电子商务的功能。
2．简述电子商务与传统商务比较具有的优势。
3．简述我国电子商务的发展历程。

实战演练

实战任务一　登录京东购物网站，归纳其信息流、资金流、物流的运动过程。

实战任务二　利用互联网搜索至少 5 名近年涌现的世界或我国电子商务风云人物，了解他们的创业经历、所在企业的发展历程、经营业务范围、各自特色以及可供学习之处。

学习情境二　电子商务模式

学习目标

- 了解电子商务基本模式的含义。
- 掌握 B2B、B2C、C2C 电子商务模式的主要内容及基本流程。
- 掌握 O2O 等新兴电子商务模式的含义及适用范围。

案例导入

2018 年 11 月 15 日，全球领先的新经济行业数据挖掘和分析机构艾媒咨询权威发布《2018 中国 B2C 电商市场监测报告》，数据显示，中国移动电子商务用户规模呈稳步增长态势，2018 年用户规模预计达到 5.12 亿人。在用户画像方面，移动端 B2C 电子商务用户以年轻人群为主，其中 30 岁以下用户占比达 67.5%。此外，平台会员服务的开发也是 B2C 电子商务行业一大亮点，61.9%的受访 B2C 电子商务用户使用过或有兴趣使用平台会员服务。

艾媒咨询数据显示，中国移动电子商务用户规模呈稳步增长态势，2018 年用户规模预计达到 5.12 亿人。艾媒咨询分析师认为，B2C 电子商务作为移动电子商务主流模式，以大平台为品牌背书，更符合电子商务用户对服务质量和商品保障的期望，在移动电子商务发展渐趋稳定的环境下，B2C 电子商务的覆盖率也将进一步提升。2018 上半年天猫及京东占据 83.8%的 B2C 网络零售平台市场份额，领先优势继续稳固；而唯品会及苏宁易购也分别以 5.7%及 3.7%的份额占比继续稳定在第二梯队。

2018 年中国 B2C 电子商务运营模式呈现多样化的特点，而各平台也从运营模式的不断创新中迎合用户群体对商品服务的质量以及性价比要求。传统的平台运营模式不断优化服务质量，提高用户满意度；特卖模式平台在优质品牌、商品进驻方面不断发力；各主流平台也开始结合社交工具流量，扩大用户基础；消费升级风潮下，优选模式电商平台以及频道的出现也为追求品质生活的用户提供渠道。

模块一　B2B 电子商务模式

任务一　B2B 电子商务模式概述

B2B 电子商务模式，是指企业与企业之间通过互联网进行产品、服务及信息交换的电子商务活动。B2B电子商务平台是指一种市场领域，是企业与企业之间的营销关系，它将企业内部网通过 B2B 网站与客户紧密结合起来，通过网络的快速反应，为客户提供更好的服务，从而促进企业的业务发展。

我国 B2B 电子商务的发展分为三个阶段。

（1）信息展示阶段（即 B2B 1.0 阶段）。这个阶段的时间跨度是 1999—2004 年，该阶段的 B2B 电商平台充分利用互联网的媒体属性，进行企业情况和产品信息展示，主要提供信息、广告和推广服务，撮合双方交易，收取会员费和广告费。这种模式无法深入产业链环节，客户平台黏性差，未切入交易环节，仅停留在信息交换浅层关系层面。这一阶段以综合平台为主，典型公司有阿里巴巴、中国制造网和中国网库等。

（2）交易促进阶段（即 B2B 2.0 阶段）。这个阶段的时间跨度是 2004—2014 年。2004 年，支付宝的推出是一个重要事件，它直接推动了 B2C 电子商务的发展，培养了 C 端用户直接在网上进行交易的习惯，这个习惯向上延伸至 B 端（商人）。十年间，互联网支付集成线下物流仓储集成，以及互联网搜索技术的飞速发展，使得 B2B 在线交易蓬勃兴起，B2B 平台基本能完成在线看货、下单、支付、安排物流和签收等交易闭环。此时，B2B 平台最重要的价值是为入驻商家及其产品提供认证服务，建立信用体系，主要的盈利模式是收取会员费、佣金、广告费和 IT 服务费等。这一阶段出现了专门为某些行业服务的垂直 B2B 电子商务平台，如找钢网、链农网等。

（3）供应链整合阶段（即 B2B 3.0 阶段）。这个阶段大致从 2014 年开始，互联网技术如大数据、云计算、人工智能以及物联网、区块链等技术进一步应用于电子商务，使得 B2B 电子商务平台能够构建超强的信用体系，能够为产业链上下游企业提供更深度、更高效、更增值的服务，这些上下游企业对平台的依赖性更强。这个阶段，B2B 电子商务平台将对企业品牌推广和塑造、对企业产品和服务形态的改造、对商品的价格制定、对电子商务中的“四流”（信息流、物流、资金流和商流）等具有很大的话语权。此时，B2B 电子商务平台通过打通供应链，将数据服务、信息服务、物流服务、金融服务都纳入盈利的方式。

近年来我国 B2B 电子商务发展迅猛，2018 年上半年我国 B2B 电子商务市场交易额达 11.2 万亿元人民币，同比增长 14.2%。在 B2B 电子商务平台市场份额占比中，阿里巴巴继续排在首位，占比为 30.07%；而慧聪集团、科通芯城、上海钢联、焦点科技、生意宝分别位列第 2 位至第 6 位。中国 B2B 电商市场交易规模统计如图 2-1 所示。

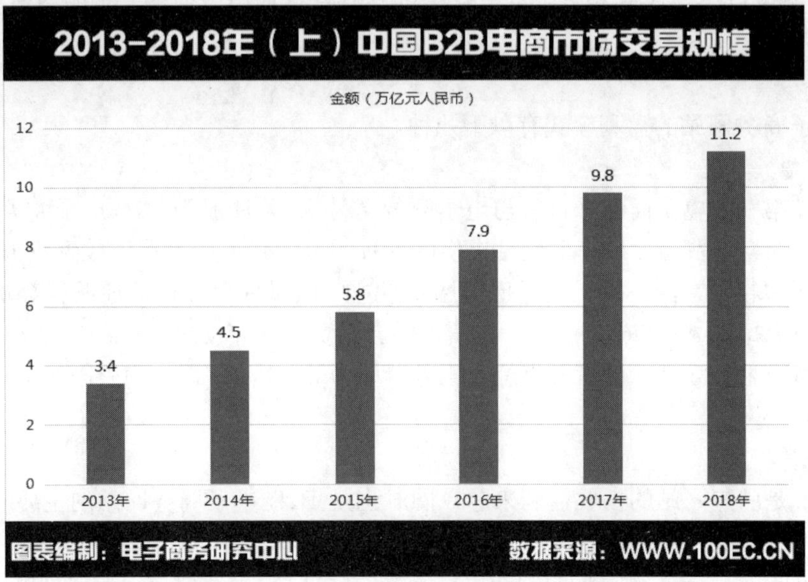

图 2-1　中国 B2B 电商市场交易规模

B2B 不仅是建立了一个网上买卖者的群体，也为企业之间的战略合作提供了基础。市场认为，由于 B2B 具有比 B2C 更模式化、更现实的盈利前景，商务网站由 B2C 向 B2B 转型已经成为一种全球化的趋势。因此，B2B 电子商务模式会在近一段时期内代表电子商务发展的重点和方向。

任务二 B2B 电子商务模式的类型

1. 垂直 B2B 模式

垂直 B2B 模式是指专注于某一领域，专业程度较深的商业模式。这一模式可以分为两个方向，即上游和下游。生产商或商业零售商可以与上游的供应商之间形成供货关系，如 Dell 公司与上游的芯片和主板制造商就是通过这种方式进行合作的。生产商与下游的经销商可以形成销货关系，如 Cisco 公司与其分销商之间进行的交易。网盛科技、中国化工网是这种模式的典型代表。

2. 水平 B2B 模式

水平 B2B 模式也称综合 B2B 模式，是将各个行业中相近的交易过程集中到一个场所，为企业的采购方和供应方提供交易机会，如广告促销、拍卖竞标、商品交易、仓储配送等商业活动的商业模式。阿里巴巴、中国制造网是这种模式的典型代表。

3. 自建 B2B 模式

自建 B2B 模式是大型行业龙头企业基于自身的信息化建设程度，搭建以自身产品供应链为核心的行业化电子商务平台的商业模式。行业龙头企业通过自身的电子商务平台，串联起行业整条产业链，供应链上下游企业通过该平台实现资讯、沟通、交易。但此类电子商务平台过于封闭，缺少产业链的深度整合。中国石油、中国石化是这种模式的典型代表。

4. 关联行业 B2B 模式

关联行业 B2B 模式是相关行业为了提升电子商务交易平台信息的广泛程度和准确性，整合综合 B2B 模式和垂直 B2B 模式而建立起来的建立跨行业电子商务平台的商业模式。

任务三 B2B 电子商务网站的盈利模式

B2B 电子商务网站的盈利模式有以下几种。

1. 会员费

企业通过第三方电子商务平台参与电子商务交易，必须注册为 B2B 电子商务网站的会员，每年交纳一定的会员费后才能享受网站提供的各种服务。目前会员费已成为我国 B2B 电子商务网站最主要的收入来源。比如阿里巴巴网站收取中国供应商、诚信通两种会员费，中国供应商会员费分为每年 4万和6 万两种，诚信通的会员费为每年 2300 元；中国化工网每个会员第一年的费用为 12000 元，以后每年综合服务费用为 6000 元；五金商中国的金视通会员费为每年 1580 元。

2. 广告费

网络广告是门户网站的主要盈利来源，同时也是 B2B 电子商务网站的主要收入来源。在阿里巴巴网站上投放的广告根据其在首页位置及广告类型进行收费。中国化工网有弹出广告、漂浮广告、Banner 广告（网站页面的横幅广告）、文字广告等多种表现形式可供用户选择。

3. 竞价排名

企业为了促进产品的销售，都希望在 B2B 电子商务网站的信息搜索中使自己排名靠前，而网站在确保信息准确的基础上，根据会员交费的不同对排名顺序作相应调整。阿里巴巴网站的竞价排名是诚信通会员专享的搜索排名服务，当买家在阿里巴巴网站搜索供应信息时，竞价企业的信息将排在搜索结果的前三位，被买家第一时间找到。中国化工网的化工搜索是建立在全球最大的化工网站上的化工专业搜索平台，对全球近 20 万个化工及化工相关网站进行搜索，搜录的网页总数达 5000 万，同时采用搜索竞价排名方式，确定企业排名顺序。

4. 增值服务

B2B 电子商务网站通常除了为企业提供贸易供求信息以外，还会提供一些独特的增值服务，包括现货认证、独立域名、行业数据分析报告、搜索引擎优化等。现货认证就是针对电子行业提供的一个特殊的增值服务，因为通常电子采购商比较重视库存这一块。另外针对电子型号做的谷歌排名推广服务，就是搜索引擎优化的一种，像 ECVV 网站就提供了这项增值服务，企业对这个都比较感兴趣。所以可以根据行业的特殊性去深挖客户的需求，然后提供具有针对性的增值服务。

5. 线下服务

线下服务主要包括展会、期刊、研讨会等。通过展会，供应商和采购商面对面地交流，一般中小企业比较青睐这种方式。期刊提供的主要是关于行业资讯等信息，期刊里也可以植入广告。环球资源的展会现已成为其重要的盈利模式，占其收入的三分之一左右。

6. 商务合作

商务合作包括广告联盟，与政府、行业协会合作，与传统媒体合作等。广告联盟通常是网络广告联盟，亚马逊通过这个方式已经取得了不错的成效，但在我国，联盟营销还处于萌芽阶段，大部分网站对于联盟营销还比较陌生。国内做得比较成熟的几家广告联盟有百度联盟、谷歌联盟、淘宝联盟等。

模块二　B2C 电子商务模式

任务一　B2C 电子商务模式概述

B2C 电子商务模式，是指通过信息网络以及电子数据信息的方式实现企业或商家机构与消费者之间的各种商务活动、交易活动、金融活动和综合服务活动，是消费者利用 Internet 直接参与经济活动的形式。

根据我国电子商务研究中心检测数据显示，2018 年上半年我国 B2C 网络零售市场中，天猫依然稳居首位，在市场份额中的占比过半，为 55%，同比增长 5%；紧随其后的京东占 25.2%的市场份额，较去年同期增长了 0.8%；而作为“电商黑马”的拼多多迅速占领了 5.7%的市场份额，排名位居第三；排名第四至八位的电子商务平台分别为苏宁（4.5%）、唯品会（4.3%）、国美（1.2%）、亚马逊中国（0.6%）、当当（0.5%）。2018 年上半年网络零售 B2C 市场交易份额统计如图 2-2 所示。

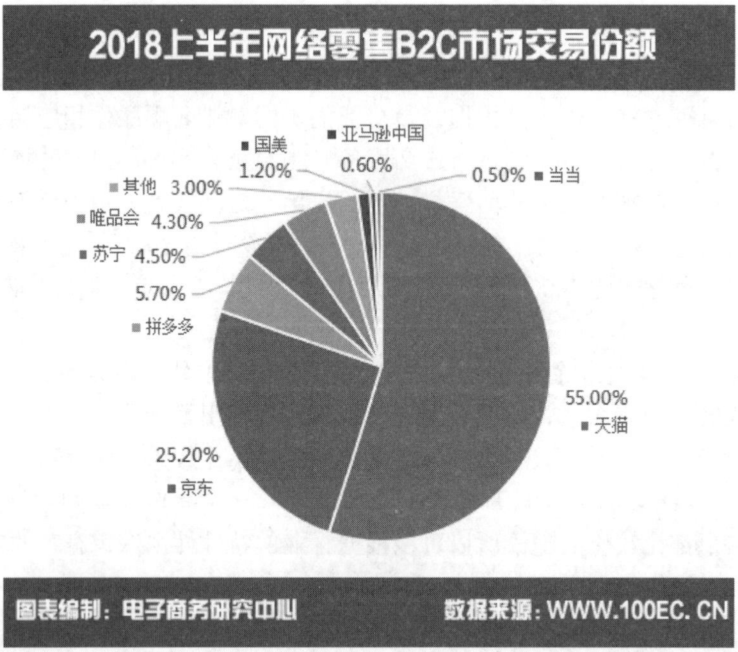

图 2-2 2018 年上半年网络零售 B2C 市场交易份额

总之，随着电子商务的快速发展，B2C 电子商务模式已深入人心，被学术界誉为最适合电子商务的模式。随着 B2C 电子商务模式的进一步发展，网上可选购的商品越来越丰富，网上支付方式越来越灵活，网络物流配送体系也越来越完善。

任务二 B2C 电子商务模式的分类

1. 综合商城

商城，谓之城，自然城中会有许多店，就如人们平时进入现实生活中的大商场一样。商场一楼可能是一级品牌，二楼是女士服饰，三楼是男士服饰，四楼是运动服饰或装饰，五楼是手机数码，六楼是特价……让 *N* 个品牌专卖店入驻，这就是商城。而线上的商城，在人气足够、产品丰富、物流便捷的情况下，其所具备的成本优势、二十四小时的不夜城、无区域限制、更丰富的产品等优势，体现着网上综合商城即将获得交易市场的一个角色。国内综合商城的典型代表是京东商城，京东是中国电子商务领域受消费者欢迎和具有影响力的电子商务网站之一，在线销售家电、数码通讯、电脑、家居百货、服装服饰、母婴、图书、食品等各大类、数万个品牌、百万种优质商品，凭借全供应链继续扩大在中国电子商务市场的优势。京东已经建立了华北、华东、华南、西南、华中、东北六大物流中心，同时在全国超过 360 座城市建立了核心城市配送站。

2. 百货商店

商店，谓之店，说明卖家只有一个；而百货，即满足日常消费需求的丰富产品线。这种商店有自有仓库，会库存系列产品，以备更快的物流配送和客户服务。这种店甚至会有自己的品牌。线下的沃尔玛、屈臣氏、百佳百货和线上的当当网就是这种模式的代表。

3. 垂直商店

垂直商店的产品存在着更多的相似性，要么都是满足于某一人群的，要么是满足于某种需要，亦或是满足某种平台的（如电器销售平台）。垂直商店经营的类别有数码家电类、婴儿用品类、服装饰品类等。这种模式的典型代表有线上的麦考林、千色店等。

4. 复合品牌店

随着电子商务的成熟，会有越来越多的传统品牌商加入电子商务战场，以抢占新市场、拓充新渠道、优化产品与渠道资源。这种模式的典型代表有线上线下销售不同产品的百丽。

5. 服务型网店

随着社会的发展、服务水平的提高，服务型网店越来越多地出现在人们的视野中。服务型网店是为消费者提供便民措施的一种网店类型。为了满足人们不同的个性需求，出现了越来越多如航空公司订票、肯德基网上订餐等服务。

任务三　B2C 电子商务模式的交易流程

1. 用户注册

消费者在开始网络购物前，必须先进行新用户注册。新用户注册时一般要输入登录名、登录密码、验证密码、送货地址、送货电话、电子邮箱等信息。每个电子商务网站的用户注册界面都大同小异，对于不同的网站，有些信息是用户注册时必须要填的，有些信息是可选填的。一般来说，以上列出的信息是用户注册时必须要输入的信息。另外，用户注册时还可以输入其他信息，如证件号、性别、学历、出生日期、收入、邮政编码等，这些信息一般允许用户有选择地输入。

2. 选购商品

用户成功注册后就可以开始商品选购了。对于购买目标明确的用户，可以利用网站提供的查询功能来选购商品。直接在网上商店的搜索框输入商品的名称进行搜索，该网上商店销售的所有此类商品的信息都会被显示出来，这些信息包括商品的产品号、价格、规格等。对这些搜索到的商品，用户可根据个人的喜好，选中某样具体的商品直接放入“购物车”。如果用户觉得网上显示的这些信息还不够直观，还可以点击商品名称先查看该商品的图片，满意的话再点击购买图标，然后输入需要购买该商品的数量，从而完成该种商品的选购。而对于那些购买目标不明确的用户，可以在网站上像平时逛商店一样边浏览边选购，选购完成后可以显示所有选购商品的清单，并且可以随时修改每种选购商品的数量，最后确认准确无误后，再完成购买。

3. 支付结算

当用户在网上完成商品选购以后，电子商务网站就会显示用户选购的所有商品的明细，包括商品的编号、名称、规格、单价、数量等，同时网页还会显示本次选购商品的总价格，确认无误后就可以进入网上支付流程。在 B2C 电子商务模式中，用户可选择的支付方式主要有：货到付款、汇款、网上银行支付、第三方支付。一般来说，网上电子支付都是通过网上银行来完成的。通过银行来支付有这样一个缺点：由于银行只负责资金的结算，也就是把货款从买方的账户转移到卖方的账户，而且通过银行支付，对买方来说，必须先付款，后收货，如果不能收到货物，或者收到的货物有质量问题，买方要退款非常困难。因此，为了既能够保证卖家及时收到货款，又能保证买方在确认收到货物后再支付货款，出现了第三方支付工具。第三方支付工具是这样来操作的：买方在网上购物需要支付时，首先将货款支付给第三方支付平台，然后在买方确认收货后，再由第三方支付平台将货款支付给卖方。阿里巴巴旗下的支付宝、中国银联的 ChinaPay 和腾讯的财付通都是第三方网上支付工具。

4. 物流配送

在 B2C 电子商务模式下，当用户在网上完成商品选购后，还必须通过物流配送环节将网上选购的商品送到用户手上。由于物流配送环节是阻碍网上商店发展的一个主要瓶颈，电子商务网站在成立之初就应把逐步完善网络物流配送放到重要的位置。

模块三 C2C 电子商务模式

任务一 C2C 电子商务模式概述

C2C 电子商务模式是消费者对消费者的电子商务。1995 年，以 eBay 成立为标志，C2C 电子商务模式在美国诞生。1999 年 C2C 电子商务模式传到中国，在上海创立的易趣网开创了中国国内 C2C 电子商务网站的先河。2003 年 5 月，阿里巴巴投资 4.5 亿元成立 C2C 网站——淘宝网；2005 年 9 月，腾讯推出拍拍网；2007 年 10 月，百度进军电子商务领域，筹建了 C2C 网站“有啊”，并于 2008 年正式上线。自此，中国 C2C 电子商务网站迅速进入蓬勃发展时期。

随着网络消费观念的普及，网络购物日益成熟，网购这一新型消费观念已经被广大消费者接受。近年来 C2C 电子商务模式高速发展，国内 C2C 市场的份额和交易量也在快速提高。

任务二 C2C 电子商务网站的盈利模式

1. 会员费

会员费也就是会员制服务收费，是指 C2C 电子商务网站为会员提供网上店铺出租、公司认证、产品信息推荐等多种服务组合而收取的费用。由于提供的是多种服务的有效组合，比较能适应会员的需求，因此这种模式的收费比较稳定。会员费在第一年交纳，第二年到期时需要客户续费，续费后再进行下一年的服务，不续费的会员将恢复为免费会员，不再享受多种服务。

2. 交易提成

交易提成不论什么时候都是 C2C 电子商务网站的主要利润来源。因为 C2C 网站是一个交易平台，它为交易双方提供机会，就相当于现实生活中的交易所、大卖场，从交易中收取提成是其市场本性的体现。

3. 广告费

企业将网站上有价值的位置用于放置各类型广告，根据网站流量和网站人群精度标定广告位价格，然后再通过各种形式向客户出售。如果 C2C 电子商务网站具有充足的访问量和用户黏度，广告业务会非常大。但是 C2C 电子商务网站出于对用户体验的考虑，均没有完全开放此业务，只有个别广告位不定期开放。

4. 搜索排名竞价

C2C 电子商务网站商品的丰富性决定了购买者搜索行为的频繁性，搜索的大量应用就决定了商品信息在搜索结果中排名的重要性，由此便引出了根据搜索关键字竞价的业务。用户可以为某关键字提出自己认为合适的价格，最终由出价最高者竞得，在有效时间内该用户的商品可获得竞得的排位。只有卖家认识到竞价为他们带来的潜在收益，才愿意花钱竞价。

5. 支付环节收费

支付问题一向是制约电子商务发展的瓶颈，直到阿里巴巴推出了支付宝才在一定程度上促进了网上在线支付业务的开展。买家可以先把预付款通过网上银行打到支付公司的个人专用账户，待收到卖家发出的货物后，再通知支付公司把货款打入卖家账户，这样买家不用担心收不到货却要付款，卖家也不用担心发了货却收不到款，支付公司就按成交额的一定比例收取手续费。

任务三　国内主要 C2C 电子商务网站

1. 淘宝网（www.taobao.com）

淘宝网是亚太地区较大的网络零售服务平台，由阿里巴巴集团在 2003 年 5 月创立，投资 4.5 亿元。淘宝网基于诚信为本的原则，从零做起，在短短半年时间迅速占领国内个人交易市场的领先位置，创造了互联网企业的一个发展奇迹，成为中国深受欢迎的网购零售平台。截至 2018 年 11 月 15 日，淘宝网拥有近 5 亿的注册用户数，每天有超过 6000 万的固定访客，每天的在线商品数已经超过了 8 亿件，平均每分钟售出 4.8 万件商品。

截至 2014 年年底，淘宝网拥有注册会员近 5 亿，日活跃用户超 1.2 亿，在线商品数量达到 10 亿，在 C2C 市场，淘宝网占 95.1%的市场份额。淘宝网在手机端的发展势头迅猛，据易观 2014 年发布的手机购物报告显示，手机淘宝加天猫的市场份额达到 85.1%。截至 2019 年 3 月，淘宝网创造的直接就业机会达 467.7 万个。随着淘宝网规模的扩大和用户数量的增加，淘宝网也从单一的 C2C 网络集市变成了包括C2C、分销、拍卖、直供、众筹、定制等多种电子商务模式在内的综合性零售商圈。淘宝网已经成为世界范围的电子商务交易平台之一。

淘宝网提倡诚信、活跃、快速的网络交易文化，坚持“宝可不淘，信不能弃”。在为淘宝网会员打造更安全、高效的网络交易平台的同时，淘宝网也全力营造和倡导互帮互助、轻松活泼的家庭式氛围。每位在淘宝网进行交易的用户，不但交易更迅速、高效，而且能够交到更多朋友。

2. 易趣网（www.eachnet.com）

1999 年 8 月，易趣网在上海创立，主营电子商务业务。易趣网由邵亦波及谭海音创立，两人同为上海人，毕业于美国哈佛商学院。2000 年 2 月，易趣网在全国首创 24 小时无间断热线服务，2000 年 3 月至 5 月，易趣网与新浪结成战略联盟，并于 2000 年 5 月并购 5291 手机直销网，开展网上手机销售业务，使该业务成为易趣网的特色之一。2002 年，易趣网与 eBay 结盟，更名为 eBay 易趣，并迅速发展成国内最大的在线交易社区。eBay 易趣秉承帮助几乎任何人在任何地方能实现任何交易的宗旨，不仅为卖家提供网上创业、实现自我价值的舞台，也给广大买家带来了全新的购物体验。

模块四　其他电子商务模式

任务一　B2G 电子商务模式

B2G 电子商务模式是新近出现的电子商务模式，即企业与政府之间通过网络所进行的交易活动的运作模式。

B2G 的特点是速度快和信息量大，由于活动在网上完成，使得企业可以随时随地了解政府的动向，还能减少中间环节的时间延误和费用，提高政府办公的公开性与透明度。B2G 有两种模式：一是政府通过网上服务，为企业创造良好的电子商务空间；二是政府上网采购，为企业提供大量的商机。

B2G 比较典型的例子就是网上采购。政府网上采购，即政府将采购的细节在国际互联网络上公布，通过网上竞价方式进行招标，企业也要通过电子的方式进行投标。网上采购相对于传统的采购来讲，只是所利用的工具不同而已。所谓“网上”，只是一个新工具的运用，就是利用 Internet。换句话说，网上采购也可以有公开招标、邀请招标、询价采购和单一来源等具体方式；从采购程序上，网上采购也可以有发出公告、发售标书、开标、评标、定标等各个步骤，可以签订电子合同，可以实现电子化结算，甚至还可以进行网上谈判。

任务二 G2C 电子商务模式

G2C（Government to Citizen）电子商务模式是政府通过电子网络系统为公民提供各种服务的电子商务，也指政府与公众之间的电子政务。G2C 电子政务包含的内容十分广泛，主要的应用包括公众信息服务、电子身份认证、电子税务、电子社会保障服务、电子民主管理、电子医疗服务、电子就业服务、电子教育、培训服务、电子交通管理等。G2C 电子政务的目的除了是政府给公众提供方便、快捷、高质量的服务外，更重要的是可以开辟公众参政、议政的渠道，畅通公众的利益表达机制，建立政府与公众的良性互动平台。

电子政务是一项新生事物，它的发展必然是一个从低级向高级逐步进行的过程。国内外对电子政务的发展比较普遍而认同的划分是将电子政务发展划分为四个阶段。第一阶段为信息发布，这是电子政务的起步阶段，即政府仅通过网络发布与政府有关的公共服务的静态信息，如政策法规、办事指南、机构设置、职能介绍、成员名单、联络方式等。第二阶段为单向沟通，即政府除了在网上公布公共服务信息，还向用户提供某种形式的服务，如用户可以从政府网站下载表格、保税单等。第三阶段为双向互动，这个阶段的政府和用户可以在网上实现双向互动，如用户可以从政府网站下载表格，也可以提交表格、反馈信息和意见等。第四阶段为全方位网上事务处理，即政府与公众、社会、企业实现全面互动，完成事件的处理。到了此阶段，政府的运作方式必然发生改变，进行政府业务流程的再造，政府公共服务出现全方位的电子化特征。

任务三 O2O 电子商务模式

1. 概念

O2O（Online to Offline）是指将线下的商务机会与互联网结合，让互联网成为线下交易的前台，这个概念最早来源于美国。O2O 的概念非常广泛，只要产业链中既涉及线上又涉及线下，就可称为 O2O。

2. 发展历程

在早期（O2O 1.0），O2O 线上线下初步对接，主要是利用线上推广的便捷性把相关的用户集中起来，然后把线上的流量倒到线下，主要领域集中在以美团为代表的线上团购和促销等领域。在这一阶段，O2O 具有单向性、黏性较低等特点；平台和用户的互动较少，基本上以交易的完成为终结点；用户更多是受价格等因素驱动，购买和消费频率等也相对较低。

发展到第二阶段（O2O 2.0）阶段后，O2O 基本上已经具备了目前大家所理解的要素。这个阶段最主要的特色就是已经升级为服务性电子商务模式：包括商品（服务）、下单、支付等流程，把之前简单的电子商务模块转移到更加高频和生活化的场景中来。由于传统的服务行业一直处在一个低效且劳动力消化不足的状态，在新模式的推动和资本的催化下，出现了 O2O 的狂欢热潮，于是上门按摩、上门送餐、上门生鲜、上门化妆、滴滴打车等各种 O2O 模式开始层出不穷。在这个阶段，由于移动终端、微信支付、数据算法等环节的成熟，加上资本的催化，用户出现了井喷，使用频率和忠诚度开始上升，O2O 开始和用户的日常生活融合，成为生活中密不可分的一部分。但是，在这个过程中有很多看起来很繁荣的表现，由于资本的大量补贴等，虚假的泡沫掩盖了真实的状况。有很多并不是刚性需求的商业模式开始出现，如按摩、洗车等。

到了第三阶段（O2O 3.0），O2O 开始出现明显的分化，一个是真正的垂直细分领域的一些公司开始凸现出来，如专注于快递物流的速递易、专注于高端餐厅排位的美味不用等、专注于白领快速取餐的速位。另外一个就是垂直细分领域的平台化模式发展，由原来的细分领域解决某个痛点的模式开始横向扩张，覆盖到整个行业。

3. O2O 与 B2C 的异同

不同点：O2O 更侧重服务性消费（包括餐饮、电影、美容、旅游、健身、租车、租房……）；B2C 更侧重购物（实物商品，如电器、服饰等）。O2O 的消费者到现场获得服务，涉及客流；B2C 的消费者待在办公室或家里，等货上门，涉及物流。O2O 中的库存是服务，B2C 中的库存是商品。

相同点：消费者与服务者第一交互面在网上（特别包括手机）；主流程是闭合的，且都是网上，如网上支付、客服等；需求预测管理在后台，供需链管理是 O2O 和 B2C 成功的核心。

知识小结

（1）B2B 电子商务模式，是指企业与企业之间通过互联网进行产品、服务及信息交换的电子商务活动。

（2）B2C 电子商务模式，是指通过信息网络以及电子数据信息的方式实现企业或商家机构与消费者之间的各种商务活动、交易活动、金融活动和综合服务活动，是消费者利用 Internet 直接参与经济活动的形式。

（3）O2O（Online to Offline）是指将线下的商务机会与互联网结合，让互联网成为线下交易的前台，这个概念最早来源于美国。O2O 的概念非常广泛，只要产业链中既涉及线上又涉及线下，就可称为 O2O。

知识巩固

一、名词解释

B2G　G2C　B2C　O2O　B2B

二、单项选择题

1．商家对消费者的电子商务模式是（　　）。

A．G2B　　B．G2C

C．B2C　　D．B2B

2．电子商务模式是指（　　）。

A．使用网络信息技术的商务模式

B．企业产品、资金、信息及其创造过程的运行机制

C．对一个公司的消费者、顾客、公司与供应者之间角色的叙述

D．体现公司如何获利以及在未来长时间内的计划

3．不属于 B2C 模式的网站是（　　）

A．唯品会　　B．当当网

C．淘宝网　　D．京东

4．网站向用户提供信息和服务，并且向用户收取访问其所提供内容的费用，这种盈利模式是（　　）。

A．广告模式　　B．销售模式

C．订阅模式　　D．会员制模式

5．设计盈利模式要以（　　）为中心。

A．客户　　B．产品

C．服务　　D．利润

三、多项选择题

1．电子商务的主要盈利模式有（　　）。

A．广告模式　　B．销售模式　　C．订阅模式

D．会员制模式　　E．混合模式

2．下列属于 B2C 电子商务模式的网站有（　　）。

A．淘宝　　B．天猫　　C．京东

D．阿里巴巴　　E．当当网

3．电子政务提供的服务，不包括（　　）。

A．提供政体　　B．为市民提供便利

C．提供政府信息渠道　　D．出售商品

4．不属于完全电子商务的是（　　）。

A．从亚马逊购买手机　　B．从当当网购买图书

C．从当当网购买电子书　　D．从京东商城购买电脑

5．B2B 电子商务网站的主要盈利模式是（　　）。

A．会员费　　B．广告费

C．竞价排名　　D．增值服务

四、简答题

1．简述 B2B 电子商务网站的盈利模式。
2．简述 O2O 电子商务模式与 B2C 电子商务模式的不同。

实战演练

实战任务一　登录天猫网站或国内其他图书销售网站，在网站上为自己购买一本喜欢的书籍，体验一下网上购物的经历，熟悉其购物流程和支付方式，了解其配送方式。

实战任务二　访问阿里巴巴网站，了解企业间开展电子商务活动的业务流程。

学习情境三　电子商务基础环境

学习目标

- 了解计算机网络的概念及相关技术。
- 理解电子商务安全的内容，熟悉常见的电子商务安全技术。
- 了解电子商务法律的内涵，熟悉电子商务法律法规，了解电子商务纠纷的解决方法。

案例导入

两年前，扎克伯格在社交平台上的一张照片（见图3-1）引起全球网民的关注，扎克伯格用胶带将自己电脑的摄像头和麦克风遮住，防止信息泄露。

图3-1　扎克伯格在社交平台上的照片

随着智能设备与互联网的大规模普及，电子商务的广泛应用使大量财富在网络流通，这对网络安全的考验也越来越严峻。据美国网络安全公司RiskIQ研究数据显示，目前全球每分钟就有1.5家组织遭受勒索软件攻击，企业平均损失15221美元。根据有关数据显示，网络犯罪可在一分钟内造成1138888美元损失。在日常生活中，电脑、手机、智能家电等产品都很容易受到各种形式的攻击，造成数字资产损失和数据泄露。

模块一　电子商务的网络环境

任务一　网络基础

1. 计算机网络的概念

简单来说，计算机网络是互连的、自治的计算机系统的集合（通过通信设备与线路相连）。

计算机网络是现代计算机技术与通信技术相互渗透、密切结合的产物，是随着社会对信息共享和信息传递日益增强的需求而发展起来的。所谓计算机网络，就是利用通信设备和线路将地理位置不同、功能独立的多个计算机系统互联起来，以功能完善的网络软件（即网络通信协议、信息交换方式和网络操作系统等）实现网络汇总资源共享和信息传递的系统。

在计算机网络发展的不同阶段，人们对计算机网络提出了不同的定义。

（1）广义观点。只要能实现远程信息处理的系统或进一步能达到资源共享的系统，就称为计算机网络。这一观点定义了一个计算机通信网络，物理结构上有具有计算机网络的雏形，但资源共享能力弱，是低级阶段。

（2）资源共享观点。以能够互相共享资源的方式互联起来的自治计算机系统的集合，就称为计算机网络。这一观点有三层含义：①目的为资源共享；②组成单元为独立自治计算机；③必须遵循统一规则——网络协议。该定义符合目前计算机网络的基本特质。

（3）用户透明性观点。存在着一个能为用户自动管理资源的网络操作系统，它能够调用用户所需要的资源，而整个网络就像大的计算机系统一样对用户透明，这就是计算机网络。这一观点描述的是一个分布式系统，它是计算机网络未来发展追求的目标。

2. 计算机网络的功能

计算机网络的功能有数据通信、资源共享、分布式处理（利用空闲计算机资源提高整个系统的利用率）、提高可靠性（可互相代替）、负载均衡（将工作任务均衡分配）。

3. 计算机网络的分类

（1）按分布范围分类。计算机网络分为广域网（Wide Area Network，WAN）、城域网（Metropolitan Area Network，MAN）、局域网（Local Area Network，LAN）和个人局域网（Personal Area Network，PAN）。

注意：若中央处理器之间的距离非常近（1m 的数量级甚至更小），则一般称之为多处理器系统，而非计算机网络

（2）按传输技术分类。

1）广播式网络：所有联网计算机共享一个通信信道，通过检查目的地址来决定是否接受该分组。

2）点对点网络：每条物理线路连接一对计算机，没有直接连接的，通过分组存储转发，直至目的节点。

（3）按拓扑结构分类。计算机网络分为星形网络（中心节点对故障敏感）、总线型网络（效率低，总线任一处对故障敏感）、环状网络（信号单向运输）、网状形网络（广域网），以上 4 种基本结构互连组织成更复杂的网络。

任务二　网络技术

1. 网络协议

网络上的计算机之间又是如何交换信息的呢？就像人们说话用某种语言一样，在网络上的各台计算机之间也有一种语言，这就是网络协议，不同的计算机之间必须使用相同的网络协议才能进行通信。网络协议是在计算机网络中，为了实现计算机间的通信，通信双方必须遵循的规则、标准或约定。例如，网络中一个微机用户和一个大型主机的操作员进行通信，由于这两个数据终端所用字符集不同，因此操作员所输入的命令彼此不认识。为了能进行通

信，规定每个终端都要将各自字符集中的字符先变换为标准字符集的字符后，才进行网络传送，到达目的终端之后，再变换为该终端字符集的字符。

网络协议是由三个要素组成的。

（1）语义。语义是解释控制信息每个部分的意义。它规定了需要发出何种控制信息，以及完成的动作与做出什么样的响应。

（2）语法。语法是用户数据与控制信息的结构与格式，以及数据出现的顺序。

（3）时序。时序是对事件发生顺序的详细说明。

三个要素描述为：语义表示要做什么，语法表示要怎么做，时序表示做的顺序。较常使用的网络协议有 TCP/IP 协议、HTTP 协议、IPX/SPX 协议、NetBEUI 协议等，其中最广泛使用的是 TCP/IP 协议，是计算机网络的基础。

（1）OSI 模型。为了使不同计算机厂家生产的计算机能够相互通信，以便在更大的范围内建立计算机网络，国际标准化组织（International Organization for Standardization，ISO）在 1978 年提出了“开放系统互联参考模型”，即著名的 OSI/RM 模型（Open System Interconnection/Reference Model）。OSI 模型是国际标准化组织提出的一个试图使各种计算机在世界范围内互连为网络的标准框架，它将计算机网络体系结构的通信协议划分为七层，自下而上依次为：物理层（Physics Layer）、数据链路层（Data Link Layer）、网络层（Network Layer）、传输层（Transport Layer）、会话层（Session Layer）、表示层（Presentation Layer）、应用层（Application Layer）。

1）物理层。OSI 的物理层规范是有关传输介质的规范，通常也参考了其他组织制定的标准。连接头、帧、帧的使用、电流、编码及光调制等都属于各种物理层规范中的内容。物理层常用多个规范完成对所有细节的定义。示例：RJ45、802.3 等。

2）数据链路层。它定义了在单个链路上如何传输数据。这些协议与被讨论的各种介质有关。示例：ATM、FDDI 等。

3）网络层。网络层对端到端的包传输进行定义，它定义了能够标识所有结点的逻辑地址，还定义了路由实现的方式和学习的方式。为了适应最大传输单元长度小于包长度的传输介质，网络层还定义了如何将一个包分解成更小的包的分段方法。示例：IP、IPX 等。

4）传输层。传输层的功能包括是选择差错恢复协议还是无差错恢复协议，即在同一主机上对不同应用的数据流的输入进行复用，还包括对收到的顺序不对的数据包的重新排序功能。示例：TCP、UDP、SPX。

5）会话层。会话层定义了如何开始、控制和结束一个会话，包括对多个双向消息的控制和管理，以便在只完成连续消息的一部分时可以通知应用，从而使表示层看到的数据是连续的，在某些情况下，如果表示层收到了所有数据，则用数据代表表示层。示例：RPC、SQL 等。

6）表示层。表示层的主要功能是定义数据格式及加密。例如，FTP 允许选择以二进制或 ASCII 格式传输。如果选择二进制，那么发送方和接收方不改变文件的内容；如果选择 ASCII 格式，发送方将把文本从发送方的字符集转换成标准的 ASCII 后发送数据，接收方将标准的 ASCII 转换成接收方计算机的字符集。示例：加密、ASCII 等。

7）应用层。应用层是与其他计算机进行通信的一个应用，它是对应用程序的通信服务的。例如，一个没有通信功能的字处理程序就不能执行通信的代码，从事字处理工作的程序员也不关心 OSI 的第七层。但是，如果添加了一个传输文件的选项，那么字处理器的程序员就需要实现 OSI 的第七层。示例：TELNET、HTTP、FTP、NFS、SMTP 等。

网络互联是指将两个以上的通信网络遵循 OSI 相互连接起来，以实现不同网络中的用户可以互相通信、共享软件和数据等。

（2）TCP/IP 协议。TCP/IP（Transmission Control Protocol/Internet Protocol）是传输控制协议和网络协议的简称，它定义了电子设备如何连入互联网，以及数据如何在它们之间传输的标准。

TCP/IP 不是一个协议，而是一个协议族的统称，里面包括了 IP 协议、ICMP 协议、TCP 协议，以及 HTTP、FTP、POP3、HTTPS 协议等。网络中的计算机都采用这套协议族进行互联。TCP/IP 将计算机网络体系结构的通信协议划分为四层，分别如下：

1）应用层：应用程序通过这一层访问网络，常见的有 FTP、HTTP、DNS 和 Telnet 协议。

2）传输层：TCP 协议和 UDP 协议。

3）网络层：IP 协议，ARP、RARP 协议，ICMP 协议等。

4）网络接口层：是 TCP/IP 协议的基层，负责数据帧的发送和接收。

OSI 七层模型和 TCP/IP 四层模型如图 3-2 所示。

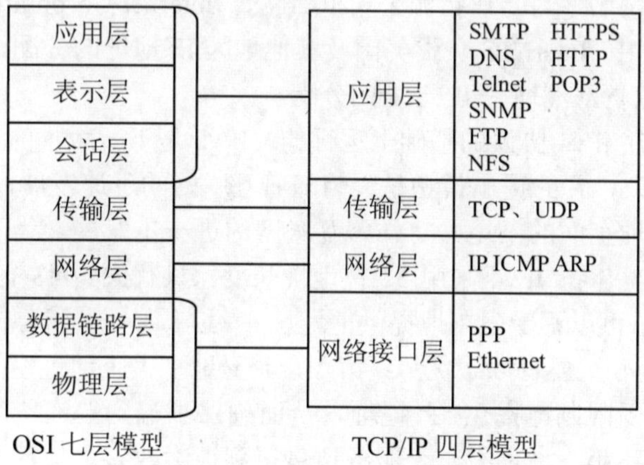

图 3-2　OSI 七层模型和 TCP/IP 四层模型

2. IP 地址

IP 地址（Internet Protocol Address，又译为网际协议地址），是指互联网协议地址。IP 地址是 IP 协议提供的一种统一的地址格式，它为互联网上的每一个网络和每一台主机分配一个逻辑地址，以此来屏蔽物理地址的差异。

IP 地址是一个 32 位的二进制数，通常被分割为 4 个 8 位二进制数（也就是 4 个字节）。IP 地址通常用“点分十进制”表示成（a.b.c.d）的形式，其中，a、b、c、d 都是 0～255 之间的十进制整数。例如：点分十进制 IP 地址（100.4.5.6），实际上是 32 位二进制数（01100100.00000100.00000101.00000110）。

IP 地址是一种在 Internet 上给主机编址的方式，常见的 IP 地址分为 IPv4 与 IPv6 两大类。

IP 地址编址方案：IP 地址编址方案将 IP 地址空间划分为 A、B、C、D、E 五类，其中 A、B、C 是基本类，D、E 类作为多播和保留使用。

IP 地址类型有公有地址和私有地址两种。公有地址（Public address）由 Inter NIC（Internet Network Information Center，因特网信息中心）负责，这些 IP 地址分配给注册并向 Inter NIC 提出申请的组织机构，相关机构通过它直接访问因特网。私有地址（Private address）属于非注册地址，专门为组织机构内部使用。

每个 IP 地址包括两个标识码（ID），即网络 ID 和主机 ID。同一个物理网络上的所有主机都使用同一个网络 ID，网络上的一个主机（包括网络上工作站、服务器和路由器等）有一个主机 ID 与其对应。Internet 委员会定义了 5 种 IP 地址类型以适合不同容量的网络，即 A 类～E 类。其中 A、B、C3 类（表 3-1）由 Internet NIC 在全球范围内统一分配，D、E 类为特殊地址。

表 3-1 A、B、C3 类 IP 地址

类别	最大网络数	IP 地址范围	最大主机数	私有 IP 地址范围
A	126（2^7-2）	0.0.0.0～127.255.255.255	16777214	10.0.0.0～10.255.255.255
B	16384（2^{14}）	128.0.0.0～191.255.255.255	65534	172.16.0.0～172.31.255.255
C	2097152（2^{21}）	192.0.0.0～223.255.255.255	254	192.168.0.0～192.168.255.255

IP 地址现由因特网名字与号码指派公司 ICANN（Internet Corporation for Assigned Names and Numbers）分配。其中，InterNIC 负责美国及其他地区 IP 地址的分配，ENIC（Europe Network Information Center）负责欧洲地区 IP 地址的分配。

现有的互联网是在 IPv4 协议的基础上运行的。IPv6 是下一版本的互联网协议，也可以说是下一代互联网的协议，它的提出最初是因为随着互联网的迅速发展，IPv4 定义的有限地址空间将被耗尽，而地址空间的不足必将妨碍互联网的进一步发展。为了扩大地址空间，拟通过 IPv6 重新定义地址空间。IPv4 采用 32 位地址长度，只有大约 43 亿个地址，而 IPv6 采用 128 位地址长度，几乎可以不受限制地提供地址。

与 IPv4 相比，IPv6 主要有以下优势：第一，明显地扩大了地址空间。IPv6 采用 128 位地址长度，几乎可以不受限制地提供 IP 地址，从而确保了端到端连接的可能性。第二，提高了网络的整体吞吐量。第三，使得整个服务质量得到很大改善。第四，安全性有了更好的保证。采用 IPSec 可以为上层协议和应用提供有效的端到端安全保证，能提高在路由器水平上的安全性。第五，支持即插即用和移动性。设备接入网络时通过自动配置可自动获取 IP 地址和必要的参数，实现即插即用，简化了网络管理，易于支持移动节点。第六，更好地实现了多播功能。

3. 域名

域名（Domain Name），也称网域，是由一串用点分隔的名字组成的 Internet 上某一台计算机或计算机组的名称，用于在数据传输时标识计算机的电子方位（有时也指地理位置）。

网域名称系统（Domain Name System，DNS，有时也简称为域名）是互联网的一项核心服务，它作为可以将域名和 IP 地址相互映射的一个分布式数据库，能够使人更方便地访问互联网，而不用去记住能够被机器直接读取的 IP 地址数串。

例如，www.wikipedia.org 是一个域名，和 IP 地址 208.80.152.2 相对应。DNS 就像是一个自动的电话号码簿，人们可以直接拨打 wikipedia 的名字来代替电话号码（IP 地址）。人们直

接调用网站的名字以后，DNS 就会将便于人们使用的名字（如 www.wikipedia.org）转化成便于机器识别的 IP 地址（如 208.80.152.2）。

域名由两个或两个以上的词构成，各部分之间用英文句号“.”来分隔，例如下列域名：yahoo.com，yahoo.ca.us，yahoo.co.uk。其中第一个域名由两部分组成，第二个域名和第三个域名由三部分组成。在一个完整的域名中，最后一个“.”的右边部分称为顶级域名或一级域名（TLD），在上面的域名例子中，com、us 和 uk 是顶级域名。最后一个“.”的左边部分称为二级域名（SLD），如域名 yahoo.com 中 yahoo 是二级域名，域名 yahoo.ca.us 中 ca 是二级域名，而域名 yahoo.co.uk 中 co 是二级域名。二级域名的左边部分称为三级域名，三级域名的左边部分称为四级域名，以此类推。例如，域名 yahoo.ca.us 和 yahoo.co.uk 中 yahoo 是三级域名。

域名后缀，亦被称为顶级域名，是指代表一个域名类型的符号。不同后缀的域名有不同的含义。目前域名共分为两类：国别域名（ccTLD），如中国的.cn、美国的.us、俄罗斯的.ru 以及国际通用域名（gTLD），如.com、.xyz、.top、.wang、pub、.xin、.net 等，所有域名后缀作用无差异，仅外观和本身含义不同，但只有少数如举例中的域名后缀可以在国内支持网站的备案。

常用域名后缀如下：

（1）com：Commercial Organizations，表示商业组织，公司。

（2）xyz：表示创意、创新；三维空间与无限可能。

（3）net：Network Operations and Service Centers，表示网络服务商。

（4）top：表示顶级、高端，适用于任何商业公司和个人。

（5）tech：表示科技、技术。

（6）org：Other Organizations，表示非营利组织。

（7）gov：Governmental Entities，表示政府部门。

（8）edu：Educational Institutions，表示教研机构。

（9）ink：Internet King，互联网之王。

（10）red：寓意“红、火”，红红火火，符合中国网民爱好的寓意。

（11）int：International Organizations，表示国际组织。

（12）mil：Military（U.S），表示美国军部。

（13）pub：Public，表示大众、公共、知名。

模块二　电子商务的安全环境

任务一　电子商务安全概述

1. 电子商务安全威胁

电子商务简单来说就是利用互联网进行的交易活动。从电子商务的定义可以了解到电子商务的安全也就相应地分为两个方面的安全：一方面是“电子”方面的安全，就是电子商务的开展必须利用互联网来进行，而互联网本身也属于计算机网络，所以电子商务第一个方面的安全就是计算机网络的安全，包括计算机网络硬件的安全与计算机网络软件的安全。计算机网络存在着很多安全威胁，这就给电子商务带来了安全威胁。另一方面是“商务”方面的安全，是把传统的商务活动在互联网上开展时，由于互联网存在的很多安全隐患给电子商务带来了安全威胁，简称为“商务交易安全威胁”。这两个方面的安全威胁也就给电子商务带来了很多安全问题。

（1）计算机网络安全威胁。电子商务包含“三流”：信息流、资金流、物流，“三流”中以信息流为核心，电子商务正是通过信息流带动资金流、物流的完成。电子商务跟传统商务的最重要区别就是以计算机网络来传递信息，促进信息流的完成。计算机网络的安全必将影响电子商务中“信息流”的传递，势必影响电子商务的开展。计算机网络存在以下安全威胁。

1）黑客攻击。黑客攻击是指黑客非法进入网络，非法使用网络资源。随着互联网的发展，黑客攻击经常发生、防不胜防，黑客利用网上的漏洞和缺陷进行修改网页、非法进入主机、窃取信息等相关危害活动。2003 年，仅美国国防部的“五角大楼”就受到了 230 万次对其网络的尝试性攻击。从这里可以看出，目前黑客攻击已成为电子商务中计算机网络的重要安全威胁。

2）计算机病毒的攻击。病毒是能够破坏计算机系统正常进行、具有传染性的一段程序。随着互联网的发展，病毒的传播速度大大加快。病毒侵入网络，破坏资源，成为电子商务中计算机网络的又一重要安全威胁。

3）拒绝服务攻击。拒绝服务攻击（DoS）是一种破坏性的攻击，它是一个用户采用某种手段故意占用大量的网络资源，使系统没有剩余资源为其他用户提供服务的攻击。目前具有代表性的拒绝服务攻击手段包括 SYNflood、ICMPflood、UDPflood 等。随着互联网的发展，拒绝服务攻击成为网络安全中的重要威胁。

（2）商务交易安全威胁。把传统的商务活动放在互联网上进行，由于互联网本身的特点，存在着很多安全威胁，给电子商务带来了安全问题。互联网的产生源于计算机资源共享的需求，具有很好的开放性，但正是由于它的开放性，使它产生了更严重的安全问题。互联网存在以下安全隐患。

1）开放性。开放性和资源共享是互联网最大的特点，但它可能引起的问题却不容忽视。正是这种开放性给电子商务带来了安全威胁。

2）缺乏安全机制的传输协议。TCP/IP 协议是建立在可信的环境之下的，缺乏相应的安全机制，这种基于地址的协议本身就会泄露口令，根本没有考虑安全问题；TCP/IP 协议是完全公开的，其远程访问的功能使许多攻击者无须到现场就能够得手；连接的主机基于互相信任的原则等这些性质使网络更加不安全。

3）软件系统的漏洞。随着软件系统规模的不断增大，系统中的安全漏洞或“后门”也不可避免地存在。例如 Cookie 程序、Java 应用程序、IE 浏览器等软件与程序都有可能给电子商务带来安全威胁。

4）信息电子化。电子化信息的固有弱点就是缺乏可信度，电子信息是否正确完整是很难由信息本身鉴别的，而且在互联网传递电子信息，存在着难以确认信息的发出者以及信息是否被正确无误地传递给接收方的问题。

（3）计算机网络安全威胁与商务交易安全威胁给电子商务带来的安全问题。

1）信息泄露。在电子商务中表现为商业机密的泄露。计算机网络安全威胁与互联网的安全隐患可能使得电子商务中的信息泄漏，主要包括两个方面：①交易一方进行交易的内容被第三方窃取；②交易一方提供给另一方使用的文件被第三方非法使用。

2）篡改。正是由于以上计算机网络安全威胁与互联网的安全隐患，电子的交易信息在网络上传输的过程中，可能被他人非法修改、删除或重放（指只能使用一次的信息被多次使用），这样就使信息失去了真实性和完整性。

3）身份识别。正是由于电子商务交易中交易双方通过网络来完成交易，双方互不见面、互不认识，计算机网络的安全威胁与互联网的安全隐患，也可能使得电子商务交易中出现交易身份伪造的问题。

4）信息破坏。计算机网络本身容易遭到一些恶意程序的破坏，如计算机病毒、特洛伊木马程序、逻辑炸弹等，导致电子商务中的信息在传递过程被破坏。

5）破坏信息的有效性。电子商务中的交易过程是以电子化的信息代替纸面信息，这些信息也必须保证时间的有效与本身信息的有效，必须能确认该信息的确是由交易一方签发的。计算机网络安全威胁与互联网的安全隐患，使得人们很难保证电子商务信息的有效性。

6）泄露个人隐私。隐私权是参与电子商务的个人非常关心的一个问题。参与到电子商务中的个人必须提供个人信息，计算机网络安全威胁与互联网的安全隐患有可能导致个人信息泄露。

2. 电子商务安全的需求

电子商务的安全需求主要有以下几点。

（1）机密性。电子商务作为贸易的一种手段，建立在一个开放的网络环境中，其信息直接包含个人、企业或国家的商业机密。因此，维护商业机密是电子商务全面推广的保障。一般可以通过传输文件加密的技术来防止信息在传输过程中被非法篡改、假冒。

（2）鉴别性。在电子商务环境下，交易双方可能互不相识，那如何保证交易双方身份的真实可靠呢？这就需要有一种措施能够对双方的身份进行鉴别，一般可以通过证书授权机构和证书解决身份的认证问题。

（3）完整性。与传统贸易相比，电子商务减少了许多人为干预，但同时也带来如何确保贸易各方商业信息完整性和统一性的问题。一般可以通过提取摘要的方式来验证信息的完整性。

（4）有效性。电子商务以电子票据的方式取代了传统商务中的纸张，因此确保电子票据的有效性是开展电子商务的前提。网络故障、主机故障、操作失误、计算机病毒都有可能造成电子票据的失效，有效性要求贸易数据在确定的时刻、确定的地点是有效的。

（5）不可抵赖性。在电子交易中通过对发送的消息进行数字签名来实现交易的不可抵赖性。

任务二 电子商务安全技术

电子商务安全的内容主要包括计算机网络安全和商务交易安全，电子商务安全技术主要是针对计算机网络本身可能存在的安全问题，为保证电子商务过程顺利进行而实施的网络安全技术和商务交易安全技术，从而达到电子商务的安全要求。

1. 信息加密技术

信息加密技术是保障信息安全的核心技术。信息安全技术主要包括监控、扫描、检测、加密、认证、防攻击、防病毒以及审计等几个方面，其中加密技术是信息安全的核心技术，已经渗透到大部分安全产品之中，并正向芯片化方向发展。通过信息加密技术可以在一定程度上提高数据传输的安全性，保证传输数据的完整性。一个数据加密系统包括加密算法、明文、密文以及密钥，密钥控制加密和解密过程，一个加密系统的全部安全性是基于密钥的，而不是基于算法的，所以加密系统的密钥管理是一个非常重要的问题。

（1）加密基本原理及算法。数据加密过程就是通过加密系统把原始的数字数据（明文），按照加密算法变换成与明文完全不同的数字数据（密文）的过程。

下面先介绍一些名词概念。

1）加密系统：由算法以及所有可能的明文、密文和密钥组成。

2）密码算法：密码算法也叫密码（cipher），适用于加密和解密的数学函数（通常情况下，有两个相关的函数，一个用于加密，一个用于解密）。

3）明文（plaintext）：未被加密的信息。

4）密文（ciphertext）：被加密的信息。

5）加密（encrypt）、解密（decrypt）：用某种方法伪装数据以隐藏它原貌的过程称为加密；相反的过程叫解密。

6）密钥（key）：密钥就是参与加密及解密算法的关键数据。没有它明文不能变成密文，密文不能变成明文。利用密钥进行加密和解密的过程如下：

```
加密密钥            解密密钥
   |                   |
明文 → “加密” → 密文 → “解密” → 明文
```

有时候，加密密钥=解密密钥（对称加密时）。假设 E 为加密算法，D 为解密算法，P 为明文，则数据的加密解密数学表达式为：P=D（KD，E（KE，P））。

数据加密算法有很多种，密码算法标准化是信息化社会发展的必然趋势，是世界各国保密通信领域的一个重要课题。按照发展进程来分，数据加密算法经历了古典密码、对称密钥密码和非对称密钥密码阶段。古典密码算法有替代加密、置换加密；对称加密算法包括 DES 和 AES；非对称加密算法包括 RSA、背包密码、McEliece 密码、Rabin、椭圆曲线、EIGamal D_H 等。目前在数据通信中使用最普遍的算法有 DES 算法和 RSA 算法等。

1）DES 算法。DES 算法是一种对二元数据进行加密的算法，数据分组长度为 64 位，密文分组长度也是 64 位，使用的密钥为 64 位，有效密钥长度为 56 位，有 8 位用于奇偶校验，解密过程和加密过程相似，但密钥的顺序正好相反。

DES 算法的缺点是不能提供足够的安全性，因为其密钥容量只有 56 位。由于这个原因，后来又提出了三重 DES 或 3DES 系统，使用三个不同的密钥对数据块进行三次（或两次）加密，该方法比进行三次普通加密快，其强度大约和 112 位的密钥强度相当。

2）RSA 算法。RSA 算法既能用于数据加密，也能用于数字签名。RSA 的理论依据为：寻找两个大素数比较简单，而将它们的乘积分解开的过程则异常困难。在 RSA 算法中，包含两个密钥——加密密钥 PK 和解密密钥 SK，加密密钥是公开的，其加密与解密的方程为：PK=$\{e,n\}$，SK=$\{d,n\}$。其中 $n=p\times q$，$p\in[0,n-1]$，p 和 q 均为很大的素数，这两个素数是保密的。

RSA 算法的优点是密钥空间大，缺点是加密速度慢。如果 RSA 算法和 DES 算法结合使用，则正好弥补 RSA 算法的缺点，即 DES 算法用于明文加密，RSA 算法用于 DES 算法密钥的加密。由于 DES 算法的加密速度快，适合加密较长的报文；而 RSA 算法可解决 DES 算法中密钥分配的问题。

（2）对称加密技术。对称加密（私钥加密），即加密和解密两个过程使用的密钥相同。双方（或多方）使用相同的密钥来对需要传递的信息或数据进行加密或解密，可以构建一个信息通道，从而达到交流传输的目的。

根据著名信息理论学家 Claude Shannon 提出的理论，加密算法都是基于以下两种思想：一是混淆（Confusion），即尽可能使得密钥与密文之间的关系模糊；二是扩散（Diffusion），即隐藏明文的统计属性，将一个明文符号的影响尽可能扩散到多个密文符号中。

现代社会的著名对称加密算法——DES 算法就充分地应用了上述两种思想。DES 算法在 1977 年被美国联邦政府的国家标准局确定为联邦资料处理标准（FIPS），并授权在非密级政府通信中使用，随后该算法在国际上广泛流传开来。DES 算法使用的密钥长度是 56 位，而明文长度是固定的 64 位。在其算法中，首先将明文的数据进行初始置换，对 64 位的数据按位重新组合。之后，对置换后的明文进行 16 轮加密，这个加密过程解释起来相对比较复杂。简单来说，就是将置换后的明文分成左右两部分（L，R），每一轮的 L 和 R 由上一轮的 L 和 R 决定，其中下一轮的 L 就是上一轮的 R，而下一轮的 R 则由上一轮的 L、R、密钥以及一个特殊函数共同决定。最后再将经 16 轮加密完后的数据进行逆初始置换，得到密文，如图 3-3 所示。

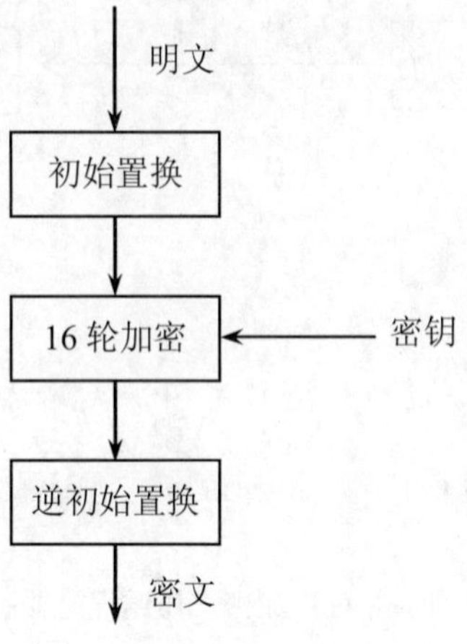

图 3-3　DES 算法加密流程

DES 算法的解密过程与其加密过程在本质上是完全相同的，只需要将之前执行的加密过程反向运算一遍。

除了 DES 算法之外，其他常用的对称加密算法还有 3DES、TDEA、Blowfish、RC2、RC4、RC5、IDEA、SKIPJACK、AES 等。对称加密技术的优点是算法公开、计算量小、加密速度快、加密效率高。但是从安全性的角度考虑，对称加密技术存在着几项缺陷。

1）密钥分享。在安全加密的信息通道建立前，无法相信其他媒介未加密的通道。用户之间难以安全地分享密钥，特别是在用户之间距离较远的情况下。

2）密钥储存。各用户的密钥都是相同的，如果其中一个用户出现问题，密钥会被第三方利用来发送不利于通道的信息或者获取用户的隐私信息，可能会对整个信息通道造成严重威胁。

3）消息验证。对称加密无法对发送的消息或数据进行签名认证，因此无法确认消息或数据是否真正来自特定发送方。

安全性方面的缺陷使得对称加密技术慢慢被淘汰，而另外一种加密技术——非对称加密技术慢慢登上历史舞台。

（3）非对称加密技术。非对称加密（公钥加密）指在加密和解密两个过程中使用不同密钥。在这种加密技术中，每位用户都拥有一对钥匙：公钥和私钥。在加密过程中使用公钥，在解密过程中使用私钥。公钥是可以向全网公开的，而私钥需要用户自己保存。这样就解决了对称加密中密钥需要分享所带来的安全隐患。

由于公钥公开，任何用户都可以利用特定用户的公钥，对消息或数据进行加密保护，然后发送给该用户。收到消息后，该用户利用独有的私钥对接收到的内容进行解密，以获取信息。由于除了该用户之外，没有其他用户拥有能够对该密文解密的私钥，因而该密文对其他用户来说都是不可读的。这样就能让收发双方放心地将加密消息或数据在网络传播。通过共享私钥来建立信息通道的方式不再是必要的，用户拥有的一对公钥和私钥就是安全的信息通道保障。

如图 3-4 所示，甲乙之间使用非对称加密的方式完成了重要信息的安全传输。

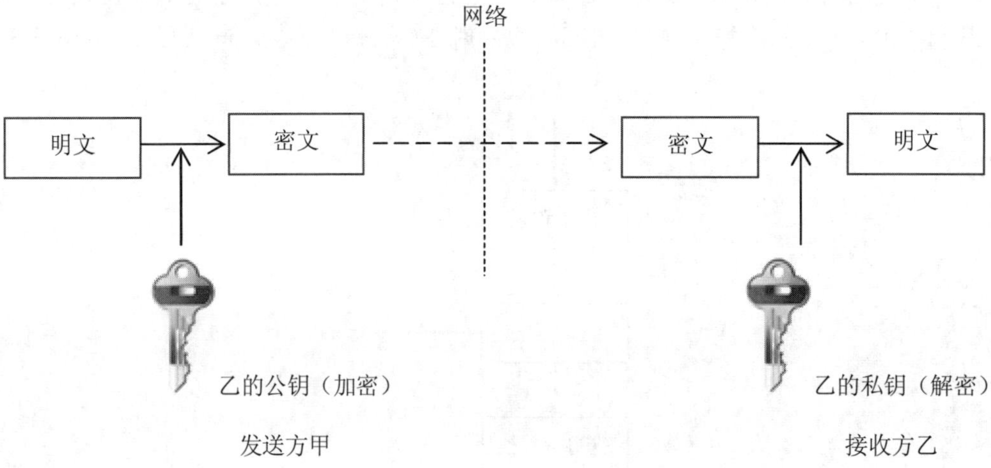

图 3-4　非对称加密工作过程简要示意图

非对称加密与对称加密相比，其安全性更好：对称加密的通信双方使用相同的秘钥，如果一方的秘钥遭泄露，那么整个通信就会被破解。而非对称加密使用一对秘钥，一个用来加密，一个用来解密，而且公钥是公开的，秘钥是自己保存的，不需要像对称加密那样在通信之前要先同步秘钥。非对称加密的缺点是加密和解密花费时间长、速度慢，只适合对少量数据进行加密。在非对称加密中使用的主要算法有 RSA、Elgamal、背包算法、Rabin、D-H、ECC（椭圆曲线加密算法）等。

2. 数字签名

数字签名，又称公钥数字签名、电子签章，是一种类似写在纸上的普通物理签名，但是使用了公钥加密领域的技术，用于鉴别数字信息。一套数字签名通常定义两种互补的运算，一个用于签名，另一个用于验证。数字签名中，只有信息的发送者才能产生别人无法伪造的一段数字串，这段数字串同时也是对信息发送者所发送信息真实性的一个有效证明。数字签名是非对称加密技术与数字摘要技术的应用。

（1）数字摘要，也叫消息摘要，是一种单向的、不可逆的加密算法。发送方甲：采用单向 hash 函数对消息进行计算，得到摘要，然后发送消息和摘要。接收方乙：把接收的消息按照同样的 hash 函数计算，产生新的摘要，将其和发送来的原摘要进行对比，如果两个摘要不一致，说明消息不完整。

上述过程存在 hash 碰撞，即两条消息不相同，但 hash 函数计算出的摘要相同。所以说 hash 函数的好坏，是由发生 hash 碰撞的概率大小决定的。如果攻击者可以构造出具有相同 hash 值的消息，那这个 hash 函数就很危险。

消息摘要的特点：无论输入的消息有多长，计算出来的摘要长度是固定的。消息摘要具备的基本性质：不同的消息，计算出来的摘要不同；相同的消息，计算出来的摘要相同；消息摘要是单向、不可逆的。从计算出的摘要中，不能逆向得到消息内容。例如 MD5 SHA1、SHA256、SHA384、SHA512 等都是摘要算法，被破解难度由左到右逐渐升高。

（2）数字签名的原理。如图 3-5 所示，假设甲用自己的私钥对 E-mail 加密发送，这样还存在什么问题吗？当然，至少存在下面的问题：无法验证邮件在传输中是否被篡改。这种方式下，任何人都可以用甲的公钥解密邮件并篡改数据，且乙收到邮件无法验证是否被篡改。

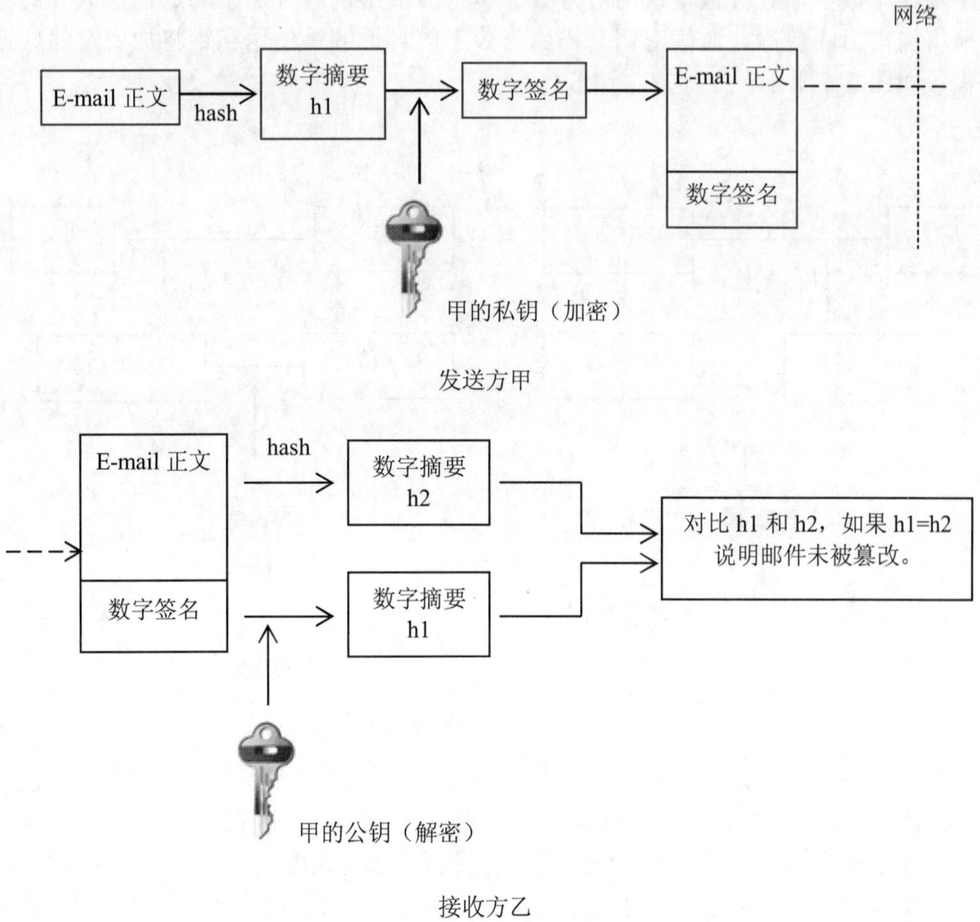

图 3-5　数字签名原理

数字签名可以解决上述问题，下面看看如何利用数字签名对邮件加密。

甲先对这封 E-mail 执行哈希运算，得到 hash 值，简称“摘要”，取名 h1；然后用自己的私钥对摘要加密，生成的东西叫“数字签名”；把数字签名加在 E-mail 正文后面，一起发送给乙；乙收到邮件后用甲的公钥对数字签名解密，成功则代表 E-mail 确实来自甲，失败则说明有人冒充；乙对邮件正文执行哈希运算得到 hash 值，取名 h2；乙对比 h1 和 h2，一致则说明邮件未被篡改。

3. 数字信封

数字信封是将对称密钥通过非对称加密的结果分发对称密钥的方法。数字信封是实现信息完整性验证的技术。

数字信封是公钥密码体制在实际中的应用，是用加密技术来保证只有规定的特定收信人才能阅读通信的内容。

在数字信封中，信息发送方甲采用对称密钥来加密信息内容，然后将此对称密钥用接收方乙的公开密钥来加密（这部分称数字信封）之后，将它和加密后的信息一起发送给接收方乙；接收方乙先用相应的私有密钥打开数字信封，得到对称密钥，然后使用对称密钥解开加密信息。这种技术的安全性相当高。数字信封主要包括数字信封打包和数字信封拆解两个步骤。数字信封打包是使用对方的公钥将加密密钥进行加密的过程，只有对方的私钥才能将加密后的数据（通信密钥）还原；数字信封拆解是使用私钥将加密过的数据解密的过程，如图 3-6 所示。

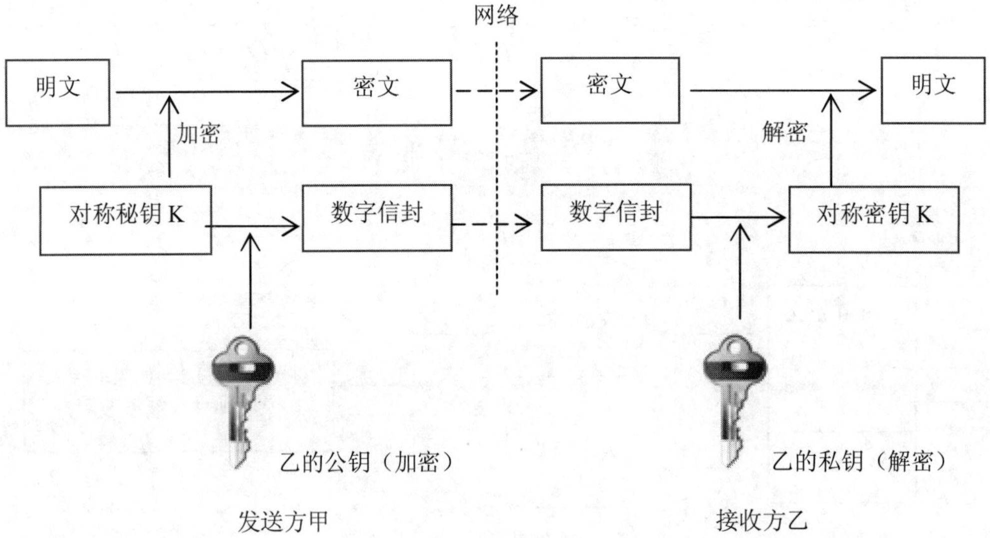

图 3-6 数字信封原理

数字信封的功能类似于普通信封，普通信封在法律的约束下保证只有收信人才能阅读信的内容；数字信封则采用密钥技术保证了只有规定的接收人才能阅读信息的内容。数字信封中采用了对称密钥体制和公钥密码体制。信息发送者首先利用随机产生的对称密钥加密信息，再利用接收方的公钥加密对称密钥，被公钥加密后的对称密钥被称之为数字信封。在传递信息时，信息接收方若要解密信息，必须先用自己的私钥解密数字信封，得到对称密钥才能利用对称密钥解密所得到的信息。这样就保证了数据传输的真实性和完整性。

在一些重要的电子商务交易中，密钥必须经常更换。数字信封结合了对称加密技术和公开密钥技术的优点，克服了对称密钥加密中密钥分发困难和公开密钥加密中加密时间长的问题，使用两个层次的加密来获得公开密钥技术的灵活性和私有密钥技术的高效性。信息发送方使用密钥对信息进行加密，从而保证只有规定的收信人才能阅读信的内容。采用数字信封技术后，即使加密文件被他人非法截获，因为截获者无法得到发送方的通信密钥，故不可能对文件进行解密。

4. 数字时间戳

数字时间戳（Digital Time Stamp，DTS）对于成功的电子商务应用，要求参与交易各方不能否认其行为。

这需要在经过数字签名的交易上打上一个可信赖的时间戳，从而解决一系列实际和法律问题。由于用户的计算机桌面时间很容易被改变，由该时间产生的时间戳不可信赖，因此需要一个权威第三方来提供可信赖且不可抵赖的时间戳服务。

在各种政务和商务文件中，时间是十分重要的信息。在书面合同中，文件签署的日期和签名一样均是十分重要的防止文件被伪造和篡改的关键性内容。

在电子文件中，同样需对文件的日期和时间信息采取安全措施，而 DTS 服务就能提供电子文件发表时间的安全保护。

DTS 服务是网上安全服务项目，由专门的机构提供。时间戳是一个经加密后形成的凭证文档，它包括三个部分：①需加时间戳的文件的摘要；②收到文件的日期和时间；③数字签名。

数字时间戳原理为：用户首先将需要加时间戳的文件用 hash 编码加密成数字摘要，然后将该数字摘要发送到 DTS，DTS 在所述数字摘要中加入收到所述数字摘要的日期和时间信息，然后再对加入日期和时间信息的新摘要文件加密（数字签名），最后送回用户，如图 3-7 所示。

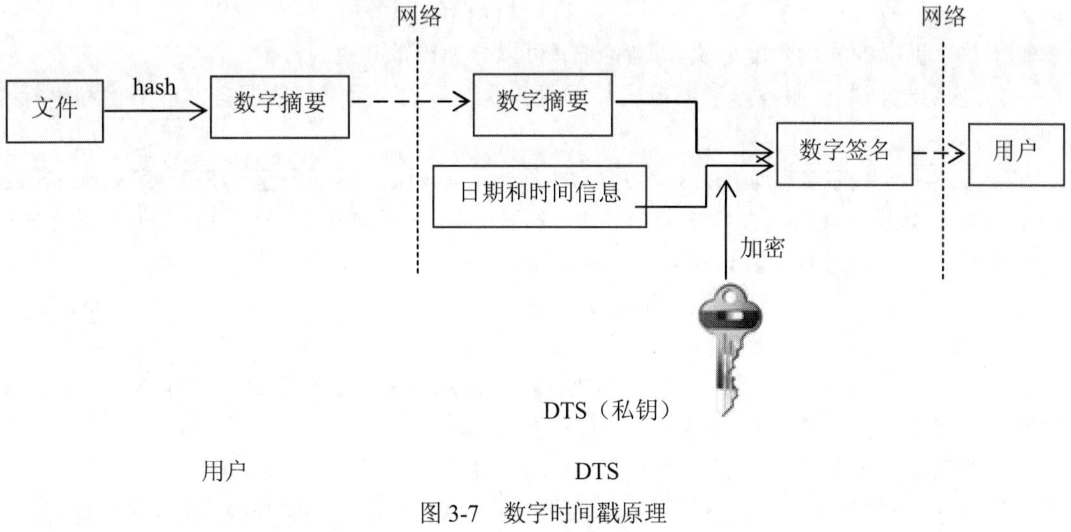

图 3-7　数字时间戳原理

5. 数字证书

数字证书就是互联网通信中标志通信各方身份信息的一串数字，提供了一种在互联网上验证通信实体身份的方式。数字证书不是数字身份证，而是身份认证机构盖在数字身份证上的一个章或印（或者说加在数字身份证上的一个签名）。它是由权威机构——CA 机构，又称为证书授权（Certificate Authority）中心发行的，人们可以在网上用它来识别对方的身份。

以数字证书为核心的加密技术（加密传输、数字签名、数字信封等安全技术）可以对网络上传输的信息进行加密和解密、数字签名和签名验证，确保网上传递信息的机密性、完整性及交易的不可抵赖性。使用了数字证书，即使发送的信息在网上被他人截获，甚至丢失了个人的账户、密码等信息，仍可以保证账户、资金安全。

证书授权中心，又称 CA 机构或 CA 中心，作为电子商务交易中受信任的第三方，承担着公钥体系中公钥的合法性检验的责任。CA 中心为每个使用公开密钥的用户发放一个数字证书，数字证书的作用是证明证书中列出的用户合法拥有证书中列出的公开密钥。CA 中心的数字签名使得攻击者不能伪造和篡改证书，它负责产生、分配并管理所有参与网上交易的个体所需的数字证书，因此是安全电子交易的核心环节。CA 结构如图 3-8 所示。

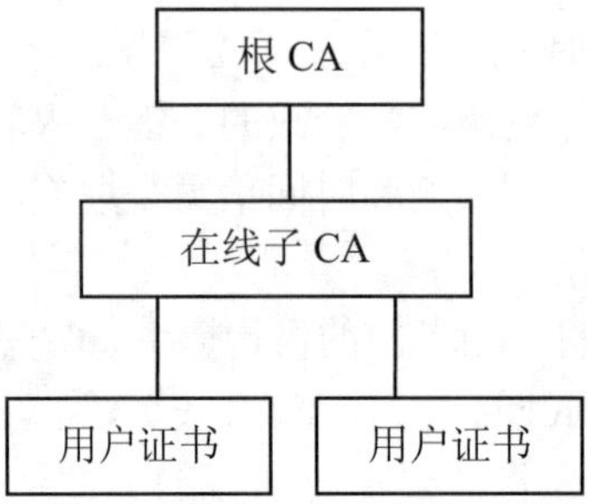

图 3-8 CA 结构

数字证书可用于发送安全电子邮件、访问安全站点、网上证券交易、网上招标采购、网上办公、网上保险、网上税务、网上签约和网上银行等安全电子事务处理和安全电子交易活动。

基于数字证书的应用角度分类，数字证书可以分为以下几种。

（1）服务器证书。服务器证书被安装于服务器设备上，用来证明服务器的身份和进行通信加密。

在服务器上安装服务器证书后，客户端浏览器可以与服务器证书建立 SSL（Secure Socket Layer，安全套接层）连接，在 SSL 连接上传输的任何数据都会被加密。同时，浏览器会自动验证服务器证书是否有效，验证所访问的站点是否是假冒站点，服务器证书保护的站点多被用来进行密码登录、订单处理、网上银行交易等。全球知名的服务器证书品牌有 GlobalSign、Verisign、Thawte、Geotrust 等。

SSL 证书主要用于服务器（应用）的数据传输链路加密和身份认证、绑定网站域名，不同的产品对于不同价值的数据和要求不同的身份认证。

最新的高端 SSL 证书产品是扩展验证（EV）SSL 证书。在 IE 7.0、FireFox 3.0、Opera 9.5 等新一代高安全浏览器下，使用扩展验证 VeriSign（EV）SSL 证书的网站的浏览器地址栏会自动呈现绿色，从而清晰地告诉用户正在访问的网站是经过严格认证的。

SSL 证书还有企业型 SSL 证书（OVSSL）及域名型 SSL 证书（DVSSL）。

（2）电子邮件证书。电子邮件证书可以用来证明电子邮件发件人的真实性。它并不证明数字证书上面 CN 一项所标识的证书所有者姓名的真实性，只证明邮件地址的真实性。

收到具有有效电子签名的电子邮件，除了能相信邮件确实由指定邮箱发出外，还可以确信该邮件从被发出后没有被篡改过。

另外，使用接收的邮件证书，还可以向接收方发送加密邮件。该加密邮件可以在非安全网络传输，只有接收方的持有者才可能打开该邮件。

（3）个人证书。客户端证书主要被用来进行身份验证和电子签名。安全的客户端证书被存储于专用的 usbkey 中。存储于 key 中的证书不能被导出或复制，且 key 使用时需要输入 key 的保护密码。使用该证书需要物理上获得其存储介质 usbkey，且需要知道 key 的保护密码，这也被称为双因子认证。这种认证手段是目前互联网中最安全的身份认证手段之一。key 的种类有多种，指纹识别、第三键确认、语音报读，以及带显示屏的专用 usbkey 和普通 usbkey 等。

数字证书在广义上可分为个人数字证书、单位数字证书、单位员工数字证书、服务器证书、VPN（Virtual Private Network，虚拟专用网络）证书、WAP 证书、代码签名证书和表单签名证书。

数字证书的格式普遍采用的是 X.509V3 国际标准，一个标准的 X.509 数字证书应包含以下内容：

1）证书的版本信息。

2）证书的序列号，每个证书都有一个唯一的证书序列号。

3）证书所使用的签名算法。

4）证书的发行机构名称，命名规则一般采用 X.500 格式。

5）证书的有效期，通用的证书一般采用 UTC 时间格式，它的计时范围为 1950～2049。

6）证书所有人的名称，命名规则一般采用 X.500 格式。

7）证书所有人的公开密钥。

8）证书发行者对证书的签名。

依据《电子认证服务管理办法》《中华人民共和国电子签名法》，目前国内有 30 家机构获得相关资质，具体资质可以在我国工业和信息化部官方网站上查询。

6. 防火墙技术

防火墙是指设置在不同网络（如可信任的企业内部网和不可信的公共网）或网络安全域之间的一系列部件的组合。它是不同网络或网络安全域之间信息的唯一出入口，通过监测、限制、更改跨越防火墙的数据流，尽可能地对外部屏蔽网络内部的信息、结构和运行状况，有选择地接受外部访问，对内部强化设备监管、控制对服务器与外部网络的访问，在被保护网络和外部网络之间架起一道屏障，以防止发生不可预测的、潜在的破坏性侵入。

（1）实验防火墙的主流技术。实现防火墙的主流技术有三种。

1）包过滤技术。包过滤技术是最早使用的一种防火墙技术，包过滤技术工作的地方就是各种基于 TCP/IP 协议的数据报文进出的通道，它把这两层作为数据监控的对象，对每个数据包的头部、协议、地址、端口、类型等信息进行分析，并与预先设定好的防火墙过滤规则进行核对，一旦发现某个包的某个或多个部分与过滤规则匹配并且条件为“阻止”的时候，这个包就会被丢弃。包过滤技术是最基本的防火墙技术。

2）应用代理技术。由于包过滤技术无法提供完善的数据保护措施，而且一些特殊的报文攻击仅仅使用过滤的方法并不能消除危害（如 SYN 攻击、ICMP 洪水等），因此人们需要一种更全面的防火墙保护技术，在这样的需求背景下，采用“应用代理”技术的防火墙诞生了。一个完整的代理设备包含一个服务端和客户端，服务端接收来自用户的请求，调用自身的客户端模拟一个基于用户请求的连接到目标服务器，再把目标服务器返回的数据转发给用户，完成一次代理工作过程。应用级网关和代理服务器技术都是应用代理技术的防火墙。

3）状态检测技术。这种防火墙技术通过一种被称为“状态监视”的模块，在不影响网络安全正常工作的前提下采用抽取相关数据的方法对网络通信的各个层次实行监测，并根据各种过滤规则作出安全决策。

（2）防火墙的功能。防火墙主要有以下几方面功能。

1）创建一个阻塞点。防火墙在一个公司内部网络和外部网络间建立一个检查点。这种实现要求所有的流量都要通过这个检查点，一旦这些检查点清楚地建立，防火墙设备就可以监视、过滤和检查所有进来和出去的流量。这样一个检查点，在网络安全行业中称之为“阻塞点”。通过强制所有进出流量都通过这些检查点，网络管理员可以集中在较少的地方来实现安全目的。如果没有这样一个供监视和控制信息的点，系统或安全管理员则要在大量的地方进行监测。

2）隔离不同网络，防止内部信息的外泄。这是防火墙的最基本功能，它通过隔离内、外部网络来确保内部网络的安全，也限制了局部重点或敏感网络安全问题对全局网络造成的影响。企业秘密是大家普遍非常关心的问题，一个内部网络中不引人注意的细节可能包含了有关安全的线索而引起外部攻击者的兴趣，甚至因此暴露了内部网络的某些安全漏洞。使用防火墙就可以隐蔽那些透露内部细节的漏洞，如 Finger 等。Finger 显示了主机的所有用户的注册名、真名、最后登录时间和使用 shell 类型等。但是 Finger 显示的信息非常容易被攻击者截获，攻击者通过所获取的信息可以知道一个系统使用的频繁程度、这个系统是否有用户正在连线上网等信息。防火墙可以同样阻塞有关内部网络中的 DNS 信息，这样，一台主机的域名和 IP 地址就不会被外界了解。

3）强化网络安全策略。通过以防火墙为中心的安全方案配置，能将所有安全软件（如口令、加密、身份认证、审计等）配置在防火墙上。与将网络安全问题分散到各个主机上相比，防火墙的集中安全管理更经济。各种安全措施的有机结合，更能有效地对网络安全性能起到加强作用。

4）有效地审计和记录内、外部网络中的活动。防火墙可以对内、外部网络存取和访问进行监控审计。如果所有的访问都经过防火墙，那么，防火墙就能记录下这些访问并进行日志记录，同时也能提供网络使用情况的统计数据。当发生可疑动作时，防火墙能进行适当的报警，并提供网络是否受到监测和攻击的详细信息。这可以为网络管理人员提供非常重要的安全管理信息，可以使管理员清楚防火墙是否能够抵挡攻击者的探测和攻击，并且清楚防火墙的控制是否充足。

任务三　电子商务交易风险防范

1. 电子商务交易风险的种类

电子商务打破了时空的局限，使大量的产品和服务内容信息化，从而降低了沟通传播成本，加快了交易的运作，同时各种新的风险也如影相随，如产品的在线识别、高效的物流配送、贷款的安全支付等。

（1）产品识别风险。由于网络的虚拟性，买方有可能不索取或得到不真实的样品。在把一件立体的实物缩小许多倍变成平面画片的过程中，商品本身的一些基本信息会丢失，买方不能从网站的图片和文字描述中得到产品全面、准确的资料。这会给买方带来产品识别风险，这种风险会延伸到产品的性能、质量等诸多方面。

（2）质量控制风险。电子商务中的卖方可能并不是产品的制造者，质量控制便成为其风险因素之一。如果卖方选择不当的外包装方式，买方就有可能承担商品破损风险。

（3）网上支付风险。作为电子商务过程的一个环节，支付手段也有所变化。目前，支付安全问题仍然是制约电子商务发展的瓶颈。不少企业和个人消费者仍然担心安全问题而不愿采用网上支付方式。网上支付处理现实中存在的风险，还存在信心不够、信任缺失的问题。

（4）物权转移风险。电子商务需要建立远程作业方式，到底是先付款还是货到付款，也成为难以把握的问题。在物权转移过程中也会存在相应的风险管理问题。

（5）信息传送风险。电子商务的主要业务过程建立在互联网基础之上，许多信息要在网络中传送。网络安全或信息安全是实现进入电子社会的另一个风险因素，如果遭受计算机黑客的攻击，重要的企业信息甚至支付权限被窃取，其后果异常严重。

2. 电子商务交易风险的识别

针对各种电子商务交易风险，最为关键的防范措施是准确识别交易风险，特别是交易对方的身份识别。在众多的识别方法中，搜索引擎搜索、权威网站核实、手机号码归属地查询等是互联网上比较实用的风险识别手段。

模块三　电子商务的法律环境

任务一　电子商务法概述

1. 电子商务法的概念

电子商务法是指调整平等主体之间通过电子行为设立、变更和消灭财产关系和人身关系的法律规范的总称；是政府调整企业和个人以数据电文为交易手段，通过信息网络所产生的，因交易形式所引起的各种商事交易关系，以及与这种商事交易关系密切相关的社会关系、政府管理关系的法律规范的总称。2018 年 8 月 31 日，十三届全国人大常委会第五次会议表决通过《中华人民共和国电子商务法》（以下简称《电子商务法》），自 2019 年 1 月 1 日起施行。

2. 电子商务法的调整对象

电子商务法的调整对象是立法的核心问题，它揭示了立法调整的特定主体所产生的特定社会关系，也是一法区别于另一法的基本标准。根据电子商务的内在本质和特点，我们认为，电子商务法的调整对象应当是电子商务交易活动中发生的各种社会关系，而这类社会关系是在广泛采用新型信息技术并将这些技术应用于商业领域后才形成的特殊社会关系，它交叉存在于虚拟社会和实体社会之间，有别于实体社会中的各种社会关系，且完全独立于现行法律的调整范围。

3. 电子商务法所涉及的技术范围

虽然拟定电子商务法时经常提及比较先进的通信技术，如电子数据交换和电子邮件，但电子商务法所依据的原则及其条款也应适用于不太先进的通信技术，如电话、传真等。可能存在这种情况，即最初以标准化电子数据交换形式发出数字化信息，后来在发信人和收信人之间传递过程中的某一环节改为采用计算机生成的电传形式或计算机打印的传真、复印件形式来传送。一个数据电文可能最初是口头传递的，最后改用传真、复印件，或者最初采用传真、复印件形式，最后变成了电子数据交换电文。

4. 电子商务法所涉及的商务范围

从本质上讲，电子商务仍然是一种商务活动。因此，电子商务法需要涵盖电子商务环境下合同、支付、商品配送的演变形式和操作规则，需要涵盖交易双方、中间商和政府的地位、作用及运行规范，也需要涵盖涉及交易安全的大量问题，同时，还需要涵盖某些现有民法、商法尚未涉及的特定领域。

5. 电子商务立法的目的

（1）为电子商务的健康、快速发展创造一个良好的法律环境。随着电子商务的普及，数据电文的使用正在急剧增多。然而，以非书面电文形式来传递具有法律意义的信息可能会因使用这种电文所遇到的法律障碍或这种电文法律效力（或有效性）的不确定性而受到影响。起草电子商务法的目的，是要向电子商务的各类参与者提供一套虚拟环境下进行交易的规则，说明怎样去消除此类法律障碍，如何为所谓的“电子商务”创造一种比较可靠的法律环境，克服进一步使用电子商务所遇到的法律障碍。

（2）弥补现有法律的缺陷和不足。电子商务单独立法，是因为国家有关传递和存储信息的现行法规不够完备或已经过时，是因为那些文件起草时还没有预见到电子商务的使用。在某些情况下，现行法规通过规定要使用“书面”“经签字的”或“原始”文件等，对现代通信手段的使用施加了某些限制或包含有限制的含义。尽管国家就信息的某些方面颁布了具体规定，但仍然没有全面涉及电子商务的立法，这种情况可能使人们无法准确地把握并非以传统的书面文件形式提供的信息的法律性质和有效性，也无法完全相信电子支付的安全性。此外，在日益广泛使用电子邮件和电子数据交换的同时，也有必要对传真、电话和 E-mail 等通信技术制定相应的法律和规范。

（3）鼓励使用现代信息技术促进交易活动。电子商务法的目标包括使电子商务的使用成为可能或为此创造方便条件，平等对待基于书面文件的用户和基于数据电文的用户，充分发挥高科技手段在商务活动中的作用。这些目标都是促进经济增长和提高国际、国内贸易效率的关键所在。从这一点讲，电子商务立法的目的不是要从技术角度来处理电子商务中的关系，而是创立尽可能安全的法律环境，以便有助于通信各方之间高效率地进行电子商务活动。

6. 我国电子商务立法的原则

在构建电子商务法律体系的过程中应当把握一些立法原则，即制定法律的基本出发点和制定过程中应当遵循的方向和准则。电子商务立法的基本原则贯穿整个电子商务立法过程，对各项电子商务制度和法律环境起统率和指导作用。结合我国国情，为不断完善我国电子商务发展的法律环境，电子商务立法应遵循如下原则。

（1）协调性原则。电子商务立法应充分借鉴国外先进的立法经验，与国际立法相互协调，使立法最大限度地与国际接轨，避免因过分强调国家立法权和国情而阻碍电子商务的发展。

这是因为电子商务是一种世界性的经济活动，它的法律框架也不应只局限在一国范围内，而应适用国际间的经济往来，得到国际间的认可和遵守。

电子商务立法应与现行立法中有关书面、签名等规定和有关远程合同立法、消费者权益保护法、跨境交易法等相互协调。电子商务仅在一定程度上，并没有彻底改变现行的交易环境和交易方式，如利用电话、电视、传真、电传等方式进行交易的传统电子商务也具备以网络为平台的现代电子商务所具有的交易双方当事人互不谋面、无纸化的特征；现行的国际贸易方式也具备一定的开放性等。

协调好电子商务过程中出现的各种新的利益关系，如版权保护与合理使用、商标权与域名权之间的冲突、国家对电子商务的管辖权之间的利益冲突等，尤其是要协调好商家与消费者之间的利益平衡关系。没有消费者的广泛参与，就没有电子商务的健康发展，电子商务立法应使消费者获得不低于其他交易形式的保护水平。

（2）超前性原则。电子商务的进行离不开有关技术的支持，如保障交易安全的电子认证、电子签名、电子支付制度等都是以密码技术、信息通信技术和其他相关技术的支持为基础的，如果立法将电子签名、电子认证、电子支付等制度依附于某一特定的技术，而相关技术的不断发展将使得建立在先前某特定技术基础之上的电子认证、电子签名、电子支付等电子商务法律制度不能适应新技术条件下电子商务对安全的需要。电子商务的技术性特征要求对电子商务所涉及的相关技术和范畴进行立法时必须采取超前性原则，以适应电子商务技术和电子商务自身不断发展的客观需要，追踪电子商务的最新发展，保持法律的连续和稳定。

（3）兼容性原则。兼容性原则指电子商务立法要与过去的、现在的和将来可能出现的技术手段、技术标准相兼容。在网络和信息时代，技术进步和社会发展日新月异，这就对以网络和信息技术为基础的电子商务立法提出了特殊的要求。电子商务立法对所有涉及的诸如电子商务、签名、认证、原件、书面形式、数据电文、信息系统、相关技术等有关范畴均应遵循兼容性原则，而不能将其局限于某一特定的技术手段和技术标准，以适应技术和社会快速发展的要求。

（4）安全原则。所谓安全原则，是指电子商务立法应充分考虑电子商务对交易安全的需要。安全性原则要求与电子商务有关的交易信息在传输、存储、交换等整个过程不被丢失、泄露、窃听、拦截、改变等，要求网络和信息应保持可靠性、可用性、保密性、完整性、可控性和不可抵赖性。从国外的有关规定来看，都是通过规定电子签名、电子认证、电子支付等具体制度来保证信息和交易安全，其把交易安全作为立法的基本原则和重要使命。

（5）鼓励促进原则。21世纪是网络与电子商务的时代，电子商务将在经济发展中起到举足轻重的作用。但电子商务的发展还很不成熟，随着电子邮件和电子数据交换等现代化通信手段在商务交易中使用的急剧增多和进一步发展，以非书面电文形式来传递具有法律意义的信息可能会因这种电文本身法律效力的不确定性而受到影响。为此，需要通过法律加以鼓励和引导，从网络基础设施建设、与电子商务相关的技术发展和技术标准、税收、市场准入等方面着手，鼓励和促进电子商务的发展；向电子商务的各类参与者提供一套虚拟环境下进行交易的规则，确定如何消除此类法律障碍，创造一种比较可靠的法律环境；平等对待基于书面文件的用户和基于数据电文的用户，充分发挥高科技手段在商务活动中的作用；鼓励利用现代信息技术进行交易活动，使电子商务的应用成为可能，从而促进经济增长并提高国际、国内贸易效率。

（6）引导原则。由于目前国内电子商务的发展水平和社会公众对电子商务的认同程度较低，因此，政府应担负起引导职责，从政策、法律方面为电子商务创造良好、宽松的经营环境，努力引导企业和社会公众积极参与电子商务。

（7）灵活性原则。灵活性原则要求从本国的实际情况出发，在与国际接轨的同时保留鲜明的民族特色，把鼓励和发展电子商务作为立法的前提，适度规范、留有空间、利于发展。

7. 电子商务立法的必要性

（1）电子商务的发展需要法律的保障。电子商务在虚拟的网络空间里进行，涉及电子资金划拨、网络知识产权、网上交易的产品质量等内容，电子商务独特的运作方式向现有的商务规范模式提出了技术、财务和交易安全等方面的重大挑战。从总体上说，与电子商务的迅速发展相比，与之相关的法律法规显得滞后。不仅发展中国家如此，就是发达国家也并未彻底解决。据报道，美国许多州政府都在报怨电子商务使它们损失数十亿美元的税收。从目前中国的立法情况看，国内关于电子商务方面的法律很不完善，在目前的技术和管理条件下，对政府而言，网络贸易已经成了税收“漏斗”；对消费者而言，网上购物的权益和安全性无法得到保障；由于网络金融的发展尚未完善，网上黑客随时可能出现，网上交易的安全性远远低于有形交易，尤其是个人隐私问题更是无法保障；对生产厂家而言，欺诈可能更是无处不在，信誉无从保证，一系列侵犯网络安全和信息安全的恶性事件不断地给人们敲响警钟。

电子商务是网络技术在商务活动中应用的产物，是一个新事物，由于其与传统交易形式有很大的差异，对社会各个领域都带来很大的冲击，因而涌现出许多问题。作为调整社会关系的重要工具，法律必然受到电子商务的巨大冲击。比如网络交易是否还适用传统的税收法律，不进行实物交易是否要征税，如何征税，是否需要另立新税种；电子合同的书面内容、签字、原件和数据的证据效力等问题是否同于传统的合同；网上交易的无形化在信用建立方面提出的电子签名、电子交易认证必须通过立法加以保障；等等。

（2）电子商务立法有利于促进电子商务发展。电子商务立法的目的是消除阻碍电子商务发展的法律障碍，消除现有法律上的不适用性，保护合理的商业预期，保障交易安全。例如，新加坡《电子交易法》中有关“目的与结构”的条款对其立法目的有明确的阐述，如：本案立法的目的是“便利电子商务，消除电子交易中因书面形式、签字要求产生的不确定性，并促进保障实施电子商务所必须的法律和商业设施的发展。”

（3）电子商务立法还存在着大量问题需要完善。目前在世界范围内虽然有了联合国贸法会《电子商务示范法》及一系列的国际统一规则，但均不构成直接有效的国际法律规范，只是起到参考作用；且由于各国法律制度的差异性，在许多方面没再做出具体性的规定，有的只提出一个总原则，留待各国的国内法解决。与此同时，尽管许多国家都对国内的原有立法进行了相应调整，但仍限于局部性与临时性的对策，专门性与基础性的立法很少。在电子商务实践中，仍多以当事人之间协议的方式来弥补法律规范的不足，具有很大的局限性。由此可见，电子商务的法律问题目前远未解决，而这解决最终将取决于各国立法的彻底调整以及有关国际统一规则的最终确立。

（4）我国电子商务的法制建设任重而道远。首先，我国尚处于社会主义建设初级阶段，市场经济条件下的法制建设远远落后于发达的工业国家，加上我国现行涉及商务的法律法规基本上都是针对传统的商务活动而建立的，实践中已有很多法律法规不能适应电子商务的迅速发展。

其次，发达国家和发展中国家在发展电子商务方面必然存在着利益冲突，围绕如何制定规则和应当遵守什么样的规则等原则问题也必然会进行力量和智慧的较量。在国内，电子商务带来的变革也必然会引发各方既得利益的重新分配，为此需要通过立法加以协调。

最后，电子商务的全球性特点使得中国电子商务的法制建设既要考虑国内的环境，又要与全球电子商务的法制建设同步，如果中国有关使用现代信息技术的法规与国际规范有较大差异，就会限制中国企业积极参与国际竞争。必须密切关注国际上电子商务方面的立法活动，积极融入国际规则的制定当中，并结合中国国情不断完善中国电子商务发展的法律环境，推动电子商务的发展，以求谋得未来竞争的主动权。

任务二　电子商务环境下的法律法规

（1）电子商务示范法。1996 年 12 月 16 日，联合国国际贸易法委员会第 85 次全体大会通过了《电子商务示范法》，该法是世界上第一个电子商务的统一法规。《电子商务示范法》的立法目的是为各国立法者提供一整套旨在为电子商务消除法律障碍并提高法律可预测性的国际公认规则，从而促成并便利使用电子手段进行商务。特别地，《电子商务示范法》意在通过规定平等对待纸面信息和电子信息，克服无法通过契约改变的成文法规定所造成的障碍。这种平等对待是促成使用无纸化通信的基本条件，因而有助于提高国际贸易的效率。

不歧视、技术中性和功能等同这些基本原则被广泛视为现代电子商务法的奠基要素。《电子商务示范法》是第一部采用这些原则的法律文本。不歧视原则确保不会仅仅以一份文件为电子形式为理由而否认其法律效力、有效性或可执行性。技术中性原则规定必须采用不偏重使用任何技术的条款。鉴于技术的快速进步，中性规则旨在适应未来的发展而无需再做立法工作。功能等同原则规定了将电子通信视为等同于纸面通信所依据的各项标准。特别地，其中规定了电子通信为满足传统的纸面系统中的某些概念（如“书面”“原件”“经签名的”和“记录”）所要实现的目的和功能而需要满足的具体要求。

《电子商务示范法》共有两部分。第一部分为电子商务总则，即一般条款；对数据电文的适用法律要求、数据电文的传递作了规定。第二部分为电子商务的特定领域，主要涉及货物运输中的运输合同、运输单据、电子提单的效力和证据效力等问题。该法对电子商务的一些基本法律问题作出的规定，有助于填补国际上电子商务的法律空白。虽然它既不是国际条约，也不是国际惯例，仅仅是电子商务示范的法律范本，但却有助于各国完善、健全其有关传递和存贮信息的现行法规和惯例，并给全球化的电子商务创造出统一的、良好的法律环境。

（2）电子签名法。《中华人民共和国电子签名法》（以下简称《电子签名法》）是为了规范电子签名行为，确立电子签名的法律效力，维护有关各方的合法权益而制定的法律。

我国《电子签名法》中明确规定：电子签名是指数据电文中以电子形式所含、所附用于识别签名人身份并表明签名人认可其中内容的数据。而数据电文是指以电子、光学、磁或者类似手段生成、发送、接收或者储存的信息。

民事活动中的合同或者其他文件、单证等文书，当事人可以约定使用或者不使用电子签名、数据电文。当事人约定使用电子签名、数据电文的文书，不得仅因为其采用电子签名、数据电文的形式而否定其法律效力。

按照《电子签名法》的规定，不得使用电子签名的有以下几种情形。

1）涉及婚姻、收养、继承等人身关系的。

2）涉及土地、房屋等不动产权益转让的。

3）涉及停止供水、供热、供气、供电等公用事业服务的。

4）法律、行政法规规定的不适用电子文书的其他情形。

（3）电子认证服务管理办法。《电子认证服务管理办法》于 2009 年 2 月 18 日以中华人民共和国工业和信息化部令第 1 号公布，根据 2015 年 4 月 29 日中华人民共和国工业和信息化部令第 29 号《工业和信息化部关于修改部分规章的决定》修订。《电子认证服务管理办法》分总则，电子认证服务机构，电子认证服务，电子认证服务的暂停、终止，电子签名认证证书，监督管理，罚则，附则 8 章 43 条，自 2009 年 3 月 31 日起施行。

为了规范电子认证服务行为，对电子认证服务提供者实施监督管理，根据《电子签名法》和其他法律、行政法规的规定，制定本办法。电子认证服务，是指为电子签名相关各方提供真实性、可靠性验证的活动。电子认证服务提供者，是指为需要第三方认证的电子签名提供认证服务的机构（以下称为“电子认证服务机构”）。

电子认证服务机构应当保证提供下列服务。

1）制作、签发、管理电子签名认证证书。

2）确认签发的电子签名认证证书的真实性。

3）提供电子签名认证证书目录信息查询服务。

4）提供电子签名认证证书状态信息查询服务。

电子认证服务机构应当履行下列义务。

1）保证电子签名认证证书内容在有效期内完整、准确。

2）保证电子签名依赖方能够证实或者了解电子签名认证证书所载内容及其他有关事项。

3）妥善保存与电子认证服务相关的信息。

任务三　电子商务纠纷的法律解决

电子商务作为一种更快捷、更准确的交易形式，在中国已全面开展，网上纠纷也随之而来。电子商务法律纠纷的根源主要有：

（1）技术问题。网络的虚拟性使得消费者不能从网上获得商品的直观印象和感受，而且搜索商品时要花费很多的时间。

（2）环境问题。企业作为电子商务的主体，其信息化程度是电子商务运行的基础。目前，我国企业大多处于转型阶段，现代企业制度尚未普遍建立，企业信息化的进展并不令人满意。

（3）安全问题，如交易的安全性、交易者身份的真实性，以及信息的真实性和有效性。

1. 电子商务纠纷的司法管辖

电子商务纠纷涉及的范围很广，既会涉及民事诉讼法，也会涉及刑事诉讼法和行政诉讼法，本部分内容将以有关国际民商事诉讼管辖为主。

国际民商事案件管辖权是指一国法院或具有审判权的其他司法机关受理、审判具有国际因素或涉外因素的民商事案件的权限。在电子商务广泛使用之前，有关管辖权的规则和法律选择是以固定住所的人处理有形“物品”为基础的，由于电子商务的使用，跨国纠纷具有了新性质，传统的已形成完整体系的确定管辖权的规则受到了极大的动摇。由于管辖权涉及一国的主权问题，各国关于电子商务纠纷管辖权的协调的国际公约尚未达成。因此，如何在现有的法律秩序中修正、补充和更新既有规则，适应网络空间的特殊性，是当前摆在我们面前的一项重要任务。

国际民商事管辖权的基础是指一国法院受理涉外民商事案件的权限范围及法律依据，它要解决的是按照哪些标准或原则来确定某国法院是否有权受理某一涉外民商事案件的问题。目前的主要制度有以下四种。

（1）普通管辖。普通管辖又称一般管辖，是指根据“原告就被告”的原则，由原告向与被告有关的国家的法院起诉。普通管辖又可分为以下三种。

1）由被告住所地法院管辖。德国、奥地利、意大利、日本、泰国和东欧国家以及中国等国家采纳。

2）由被告国籍所属国法院管辖。法国、比利时、荷兰、西班牙、葡萄牙等国家采纳。

3）由被告所在地法院管辖。英国、美国及其他一些普通法系国家采纳。

（2）特别管辖。特别管辖即以案件的特定性质或特定的联系因素为标识确定法院管辖权，特定联系形式主要是物和行为。物指作为诉讼标的的财产或当事人的财产，行为指可以产生法律后果的行为，如侵权行为、缔结与履行合同的行为等。

（3）专属管辖。专属管辖指一国法律规定其法院对某些涉外民商事案件有独占的或排他的管辖权。

（4）协议管辖。协议管辖指涉及民商事案件的当事人可以达成协议将其争议提交某国法院审理，以此确立法院管辖权。

诉讼涉及的法律关系要素，无论是主体、客体还是法律事实，总是与某国的管辖权有空间上的关联，这种空间上的关联就构成该国行使管辖权的地域基础。

尽管各国法律对确立管辖权规定的方式不尽相同，但可归为六类。

（1）依住所地行使管辖权。实行“原告就被告”的普通管辖原则时，以被告住所地确定管辖权。把住所地作为管辖基础时，往往把居所、惯常居所、临时住地等作为补充。

作为“原告就被告”原则的例外，原告住所地作为管辖基础也被一些国家采用，如荷兰、比利时等国。荷兰、比利时的法律规定，在比利时和荷兰有住所的人，可向比利时和荷兰的法院对外国的被告人提起诉讼。《中华人民共和国民事诉讼法》规定，对不在中国领域内居住的人提起有关身份关系的诉讼，由原告住所地人民法院管辖。

（2）依国籍行使管辖权。这一规定始于 1804 年的《法国民法典》，属于大陆法传统。法国、卢森堡、意大利、葡萄牙等国既将原告国籍作为管辖基础，又将被告国籍作为管辖基础，比利时采用的管辖基础为被告国籍，荷兰采用的管辖基础为原告国籍。英国和美国等普通法国家以有效控制原则行使管辖权时，国籍或公民籍也是确定对自然人行使司法管辖权的依据之一。

（3）以当事人意志为基础。在两种情况下，当事人意志可成为管辖基础：一是协议管辖时，二是被告有意接受管辖时。

（4）依有效控制行使管辖权。这指的是以传票或与之相当的文书的送达确立法院管辖权的基础。如果传票不能依法送达被告，法院就不能对其行使管辖权；反之，只要起诉开始时，被告在其境内出现，即使是在该国暂时居住或临时过境，只要法院能够将传票有效地送达给被告，法院对该案就有管辖权。

（5）依行为地行使管辖权。这指的是以法律行为发生地为特定连结因素或标识来确定涉外民商事案件的管辖权，也叫以诉讼原因发生地确定的管辖权。合同成立地、义务履行地、侵权行为发生地都可以成为法院管辖的依据。大多数国家在国内法中都规定了侵权行为案件可以在侵权行为发生地起诉，如法国、德国、日本等。英国最高法院规则规定，侵权行为若在英国境内发生，英国法院就有管辖权，即使被告不在英国。代表性的国际公约《关于民商事案件管辖权及判决执行的公约》规定，有关侵权行为或准侵权行为的案件，由侵权行为发生地的法院管辖。

（6）依财产所在地行使管辖权。被告财产所在地或诉讼标的所在地是许多国家确立法院管辖权的基础之一。德国《民事诉讼法》规定，对于在德国国内无住所的人，因财产上的请求而提起的诉讼，该项财产或诉讼中请求标的位于某一法院管辖区内时，该法院有管辖权；如为债权时，以债权人的住所为财产所在地；如该债权有担保物时，以担保物所在地视为财产所在地。美国有针对物的诉讼程序，美国法院应原告的申请，可以扣押被告的财产，或扣押第三人欠被告的债务，取得对被告财产的管辖权，从而受理对被告提起的诉讼。

诉讼标的就是诉讼当事人讼争的财产。诉讼标的处于一国领域内的事实是该国行使管辖权的重要基础。因不动产权利争议引起的诉讼，由不动产所在地国家专属管辖，这是各国普遍承认的原则。

2. 电子商务纠纷的法律适用

电子商务纠纷的法律适用有以下几个关键问题。

（1）纠纷管辖权网络空间打破了主权疆域和地域的界限，使据以确定法院管辖权的连结因素出现了一种复杂甚至模糊的倾向。如何确定纠纷的管辖是有效解决纠纷的首要问题，也是法律界面临的最紧迫的任务。

（2）交易双方主体资格的确认由于电子商务交易各方绝大部分是未曾谋面的，交易又是即时发生的，因此，如何使彼此的要约、承诺具有可信赖性，如何有效使违约方承担应负的法律责任等，就涉及交易方的身份确认问题。

（3）有关电子合同成立及有效性的确认，我国合同法已明确规定了“数据电文”可以作为合同的书面形式。对数据电文的外延，界定为电报、电传、传真、电子数据交换和电子邮件。我们《合同法》规定：承诺生效时合同成立；承诺通知到达要约人时生效。采取数据电文方式的，如指定特定的计算机系统接收数据电文，该数据电文进入该特定系统即为送达；未指定特定计算机系统的，该数据电文进入收件人的任何系统的首次时间，视为到达时间。由以上规定可以看出我国对契约成立采用的是受信主义即到达主义。

（4）电子证据的采用及论证，确定举证方及其权利义务民事诉讼采用谁主张谁举证的制度，在一定程度上可以防止滥讼。但在电子商务过程中，大量的电子数据服务大都由第三方提供，所以当事人往往不能提供有效的电子证据，即使提供，其证明效力也大打折扣，从而有可能导致败诉。

3. 电子商务纠纷解决的替代方式——ODR

轻点鼠标，浏览页面，即可洽谈生意、获得高薪或投资机会，这种交易方式的优越性彰显无疑：便捷、高效和成本低廉。但是人们在轻松享受这种交易的同时，发现虚假广告、网络欺诈、域名争议、侵犯著作权、损害名誉权和隐私权的纠纷充斥着媒体版面和周围的生活。电子商务中急骤增多的形形色色的争议、纠纷若得不到及时解决将大大损害人们对电子商务的信心，成为制约电子商务发展的瓶颈之一。如何及时、有效地解决这些争议，增强人们对电子商务的信心，促进电子商务的健康发展，是企业、政府共同关心的话题。而在线争议解决机制（Online Dispute Resolution，ODR）为这一难题提供了较好的思路。

ODR 是指利用互联网进行全部或主要程序的各种争议解决方式的总称，主要包括在线仲裁（Online Arbitration）、在线调解（Online Mediation）和在线和解（Online Negotiation）等方式。仅利用网络技术实现文件管理功能，程序的其他部分仍用传统离线方式进行，不属于 ODR 范畴。ODR 将网络资源充分引入争议解决方法中来，由于网络资源具有利用全球任何地方的人力资源、电脑处理程序实现信息交流传播的电子速率传输等优势，这就使 ODR 可以在任何国家、聘用任何国籍的仲裁员或者调解员、通过任何语言来解决争议，具有快速、费用低廉、便利等网络空间争议解决所需要的各类重要价值因素。在网络虚拟世界，ODR 对于建立互联网中的信赖关系是非常必要的，有利于实现双赢的争议解决方式越来越受到世界各国理论和实务界的重视。

在线纠纷避免措施、在线协商、在线调解和在线仲裁，四者共同构成了电子商务消费者在线纠纷解决制度的实践体系。四种途径各具有独特的方式、手段，体现了不同的价值追求。借助于电子商务交易第三方和消费者的制约产生的司法外强制力，在线纠纷避免措施无需第三方解纷机构的介入，在交易过程中解决了纠纷。该措施是互联网自治在电子商务纠纷解决中最直接的体现，能够促进电子商务商和消费者充分沟通，有助于双方建立信任。在线协商充分演绎了信息通信技术在人机互动的在线解纷程序中“第四方”的角色，成为多数在线纠纷解决机构的首选程序。在线调解和在线仲裁一般以第三方能否做出拘束性决定为标准得以区分。在线调解的程序更灵活，当事人对程序的控制力强；而在线仲裁属于各类在线纠纷解决机制中程序最严格、规则最确定、裁决最具有执行力的程序。在线调解和在线仲裁的发展，既依赖于信息通信技术的水平和调解员（仲裁员）的职业素养两个基础条件，也取决于程序本身的强制效力和决定的执行力。迅速、经济的在线纠纷解决制度，是一种替代司法的制度，但不排斥当事人的司法诉讼权，提供的是接近正义的机会，并非廉价正义。因此，制度追求程序的效率优势和正当程序的平衡，追求效率和公正的协调、互联网自治与政府适当干预的平衡，这也是在线纠纷解决制度发展不可或缺的四种要素——市场力量、技术因素、行业自治（准则）和法律规则在价值层面的体现。

知识小结

（1）计算机网络是互连的、自治的计算机系统的集合（通过通信设备与线路相连）。计算机网络是现代计算机技术与通信技术相互渗透、密切结合的产物，是随着社会对信息共享和信息传递的日益增强的需求而发展起来的。所谓计算机网络，就是利用通信设备和线路将地理位置不同、功能独立的多个计算机系统互联起来，以功能完善的网络软件（即网络通信协议、信息交换方式和网络操作系统等）实现网络汇总资源共享和信息传递的系统。

（2）计算机网络的功能有数据通信、资源共享、分布式处理（利用空闲计算机资源提高整个系统的利用率）、提高可靠性（可互相代替）、负载均衡（将工作任务均衡分配）。

（3）按分布范围，计算机网络分为广域网（Wide Area Network，WAN）、城域网（Metropolitan Area Network，MAN）、局域网（Local Area Network，LAN）和个人区域网（Personal Area Network，PAN）。

（4）网络协议是在计算机网络中，为了实现计算机间的通信，通信双方必须遵循的规则、标准或约定。较常使用的网络协议有 TCP/IP 协议、HTTP 协议、IPX/SPX 协议、NetBEUI 协议等。其中最广泛使用的是 TCP/IP 协议，是计算机网络的基础。

（5）域名（Domain Name），也称网域，是由一串用点分隔的名字组成的 Internet 上某一台计算机或计算机组的名称，用于在数据传输时标识计算机的电子方位（有时也指地理位置）。

（6）网域名称系统（Domain Name System，DNS，有时也简称为域名）是互联网的一项核心服务，它作为可以将域名和 IP 地址相互映射的一个分布式数据库，能够使人更方便地访问互联网，而不用去记住能够被机器直接读取的 IP 地址数串。

（7）电子商务安全威胁包括计算机网络威胁和商务交易安全威胁。电子商务的安全需求主要有机密性、鉴别性、完整性、有效性和不可抵赖性。

（8）电子商务安全技术主要有信息加密技术、数字签名、数字信封、数字时间戳、数字证书和防火墙技术。

（9）数字证书就是互联网通信中标志通信各方身份信息的一串数字，提供了一种在互联网上验证通信实体身份的方式。数字证书不是数字身份证，而是身份认证机构盖在数字身份证上的一个章或印（或者说加在数字身份证上的一个签名）。它是由权威机构——CA 机构，又称为证书授权（Certificate Authority）中心发行的，人们可以在网上用它来识别对方的身份。

（10）电子商务交易风险的种类分为产品识别风险、质量控制风险、网上支付风险、物权转移风险、信息传送风险。针对各种电子商务风险，最为关键的防范措施是准确识别交易风险，特别是交易对方的身份识别。在众多的识别方法中，搜索引擎搜索、权威网站核实、手机号码归属地查询等是互联网上比较实用的风险识别手段。

（11）电子商务法是指调整平等主体之间通过电子行为设立、变更和消灭财产关系和人身关系的法律规范的总称；是政府调整企业和个人以数据电文为交易手段，通过信息网络所产生的，因交易形式所引起的各种商事交易关系，以及与这种商事交易关系密切相关的社会关系、政府管理关系的法律规范的总称。2018 年 8 月 31 日，十三届全国人大常委会第五次会议表决通过《中华人民共和国电子商务法》，自 2019 年 1 月 1 日起施行。

（12）电子商务法律纠纷的根源主要有：

1）技术问题。网络的虚拟性使得消费者不能从网上获得商品的直观印象和感受，而且搜索商品时要花费很多的时间。

2）环境问题。企业作为电子商务的主体，其信息化程度是电子商务运行的基础。目前，我国企业大多处于转型阶段，现代企业制度尚未普遍建立，企业信息化的进展并不令人满意。

3）安全问题，如交易的安全性、交易者身份的真实性，以及信息的真实性和有效性。

知识巩固

一、名词解释

计算机网络　　加密　　数字签名　　数字信封　　防火墙

二、单项选择题

1．B2G 是一种（　　）。

A．企业与消费者之间的电子商务　　B．消费者与消费者之间的电子商务

C．企业与政府方面的电子商务　　D．企业与企业之间的电子商务

2．数字信封中采用的加密算法是（　　）。

A．AES　　B．DES　　C．RC-5　　D．RSA

3．数字证书的格式定义在 ITU 的 X.500 系列标准中的哪个标准里？（　　）

A．X.501　　B．X.509　　C．X.511　　D．X.519

4．认证机构对密钥的注册、证书的制作、密钥更新、吊销进行记录处理使用的技术是（　　）。

A．加密技术　　B．数字签名技术

C．身份认证技术　　D．审计追踪技术

5．信息在网络上传送或存储的过程中不被他人窃取、不被泄露或披露给未经授权的人或组织，或者经过加密伪装后，使未经授权者无法了解其内容，这种电子商务安全内容称（　　）。

A．商务数据的机密性　　B．商务数据的完整性

C．商务对象的认证性　　D．商务服务的不可否认性

6．为了保证电子商务安全中的认证性和不可否认性，必须采用的技术是（　　）。

A．数字签名　　B．散列函数　　C．身份认证　　D．数字时间戳

7．防火墙能解决的问题是（　　）。

A．防止从外部传送来的病毒软件进入

B．防范来自内部网络的蓄意破坏者

C．提供内部网络与外部网络之间的访问控制

D．防止内部网络用户不经心带来的威胁

8．功能等同原则是（　　）。

A．商业交易的公平理念

B．在本国电子商务活动与国际性电子商务活动的法律待遇上，应一视同仁

C．一种将数据电文的效力与纸面形式的功能进行类比的方法

D．电子商务对传统口令法和非对称公开密钥法等认证方法，不可厚此薄彼

9．电子证据的法律地位即（　　）。

A．电子证据的可采纳性或可接受性

B．电子证据以什么样的形式向法庭提交并出示

C．任何电子证据能够进入诉讼程序或其他证明活动

D．电子证据的计算机记录

10．ODR 机制应当公开其处理争端的流程和调解的规则，使电子商务业者与消费者能够了解其运作，这是要满足 ODR 的（　　）要求。

A．独立性　　B．平等对待机制　　C．透明度　　D．对抗程序

三、多项选择题

1．电子商务安全所面临的威胁有（　　）。

A．对客户信息的安全威胁　　B．对传榆链路的安全威胁

C．对传输通信的安全威胁　　D．对电子商务服务器的安全威胁

E．对资源共享的安全威胁

2．计算机网络是计算机技术和通信技术相结合的产物，其功能总结起来有（　　）。

A．相互通信　　B．信息传播快

C．有利于交流　　D．资源共享

E．传递信息

3．防火墙技术分为（　　）。

A．包过滤防火墙　　B．分布式防火墙

C．代理服务　　D．代理防火墙

E．分散式防火墙

4．电子商务法的基本框架应当由《电子商务法》与配套的法律规范构成，配套法律规范大致包括（　　）。

A．电子商务经营法律规范　　B．电子合同法律规范

C．电子签名法律规范　　D．安全认证法律规范

E．电子支付法律规则

5．我国《电子签名法》规定，电子签名不适用的文书有（　　）。

A．涉及婚姻、收养、继承等人身关系的

B．涉及土地、房屋等不动产权益转让的

C．涉及停止供水、供热、供气、供电等公用事业服务的

D．涉及金融、保险合同的

E．涉及游戏点卡的合同

四、简答题

1．简述防火墙的基本功能。

2．简述数字签名的原理。

3．简述电子商务立法的目的。

4．简述OSI模型的七层。

5．简述数字证书一般包含的内容。

实战演练

实战任务一　登录https：//www.aliyun.com/，利用域名的相关知识，独立设计一个电子商务公司网站的域名，了解域名申请过程，进行英文域名的申请，掌握域名申请的方法。

实战任务二　通过系统的security center服务启用或禁用实现控制Windows的安全中心功能，掌握如何启动或禁用Windows防火墙服务。

实战任务三　登录支付宝网站（http：//www.alipay.com），点击页面右上侧“安全中心”链接，申请淘宝个人证书，并将数字证书进行导出。理解个人数字证书、中级证书和根证书的作用，了解数字证书的标准、基本格式、类型以及它的作用，掌握数字证书的申请、下载、安装、导出方法及流程，掌握查看数字证书的相关内容方法。

学习情境四　网上支付与结算

学习目标

- 了解电子支付的定义、分类、特征。
- 熟悉常见的电子支付工具。
- 掌握网上银行的概念及应用。
- 理解第三方支付的交易模式。
- 掌握移动支付的定义、发展现状及交易过程。

案例导入

2018年01月23日，中国西藏网一篇“电子支付，中国风景独好”的文章介绍了2017年夏天来自“一带一路”的20国青年评选出中国的“新四大发明”——高铁、网购、电子支付、共享单车。中国的信用消费文化与信用消费设备都不普及，这给电子支付带来了弯道超车的机会。对于商户来说，比起购置昂贵的POS机，一个简单而廉价的二维码显然是更好的选择；对于广大乡镇用户来说，比起繁琐的信用评估，一视同仁的手机应用程序显然才是上佳之选。就这样，中国几乎跳过了信用卡阶段，直奔电子支付时代。中国国有银行控制金融命脉，成为推动电子支付迅猛发展的制度优势。在中国，如果能与四大国有银行达成合作协议，则第三方电子支付就几乎可以覆盖中国绝大部分用户。因此，中国的金融制度可极大降低电子支付平台的交易成本。中国移动通信基础设施的完善，给全社会提供了几乎无死角的3G/4G网络全覆盖。甚至在地铁里，人们也可以轻松用手机完成转账、抢红包的操作。这让电子支付在中国获得了充足的使用场景。

模块一　认识电子支付

电子支付是电子商务的核心环节。电子支付的发展始于网上银行业务，随后网上缴费、移动银行和网上交易也逐渐发展起来。随着网络技术的不断发展、网络购物的流行与快递行业的发展，我国也开始加速步入电子支付时代，电子支付方式也越来越多样化。

任务一　电子支付的定义

简单来说，电子支付是指电子交易的当事人，包括消费者、厂商和金融机构，使用安全电子支付手段，通过网络进行的货币支付或资金流转。电子支付有广义和狭义之分：广义的电子支付包括卡类支付、网上支付和移动支付等，狭义的电子支付仅指网上支付。

电子支付方式的出现要早于互联网，电子支付的5种形式分别代表着电子支付的不同发展阶段，如图4-1所示。

图 4-1 电子支付的发展阶段

第一阶段：银行与银行之间通过计算机进行办理业务结算。

第二阶段：银行与其他机构之间通过计算机进行资金结算，如工资代发，代收水、电、煤气费等。

第三阶段：通过网络终端向用户提供各项银行服务，如用户通过自动柜员机存取款。

第四阶段：通过银行销售终端（POS）向用户提供自动扣款业务，如超市、商场中的 POS 支付系统。

第五阶段：通过互联网随时随地进行直接转账结算，即网上支付。

任务二 电子支付的分类

电子支付的业务类型按电子支付指令发起方式分为网上支付、电话支付、移动支付、销售终端交易、自动柜员机交易和其他电子支付。下面介绍三种常见的电子支付方式。

1. 网上支付

网上支付是电子支付的一种形式。广义地讲，网上支付是以互联网为基础，利用银行所支持的某种数字金融工具，发生在购买者和销售者之间的金融交换，从而实现购买者与金融机构、商家之间的在线货币支付、现金流转、资金清算、查询统计等过程，为电子商务服务和其他服务提供金融支持。

（1）基本特征。与传统的支付方式相比，网上支付具有以下特征。

1）网上支付采用先进的技术通过数字流转来完成信息传输，其各种支付方式都是采用数字化的方式进行款项支付；而传统的支付方式则是通过现金的流转、票据的转让及银行的汇兑等物理实体的流转来完成款项支付。

2）网上支付的工作环境基于一个开放的系统平台（即互联网）；而传统支付则是在较为封闭的系统中运作。

3）网上支付使用的是最先进的通信手段，如互联网；而传统支付使用的是传统的通信媒介。网络支付对软、硬件设施的要求很高，一般要求有联网的微机、相关的软件及其他一些配套设施，而传统支付则没有这么高的要求。

4）网上支付具有方便、快捷、高效、经济的优势。用户只要拥有一台上网的个人计算机，便可足不出户，在很短的时间内完成整个支付过程。支付费用仅相当于传统支付的几十分之一，甚至几百分之一。网络支付可以完全突破时间和空间的限制，可以满足每周 7 天、每天 24 小时的工作模式，其效率之高是传统支付望尘莫及的。

5）网络支付的技术支持。由于网络支付工具和支付过程具有无形化、电子化的特点，因此对网络支付工具的安全管理不能依靠普通的防伪技术，而是通过用户密码、软硬件加密和解密系统以及防火墙等网络安全设备的安全保护功能来实现。

（2）基本流程。基于互联网平台的网上支付的一般流程如图 4-2 所示。

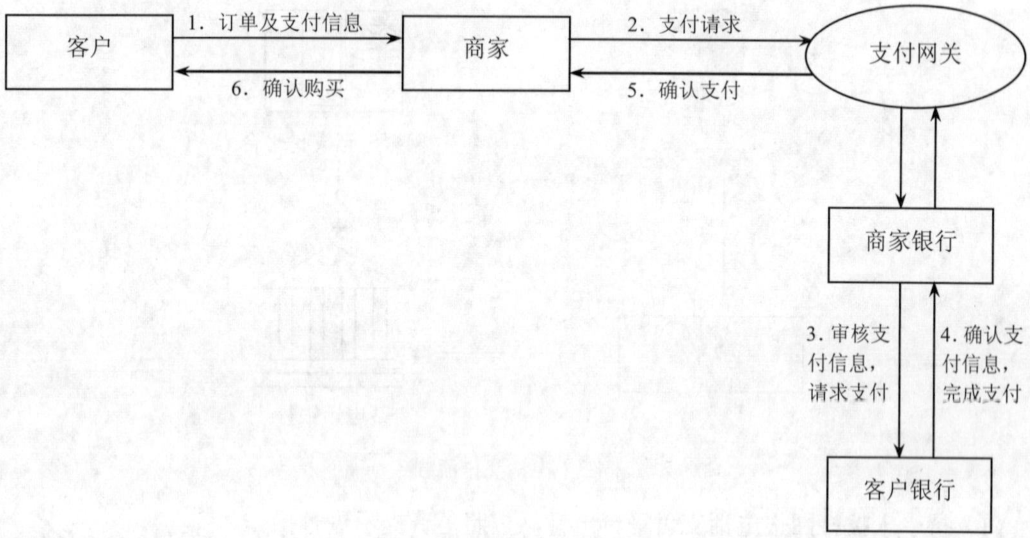

图 4-2　网上支付的一般流程

1）客户接入互联网，通过浏览器在网上浏览商品，选择货物，填写网络订单，选择应用的网络支付结算工具，并且得到银行的授权使用，如银行卡、电子钱包、电子现金、电子支票或网络银行账号等。客户机对相关订单信息（如支付信息）进行加密，在网上提交订单。

2）商家服务器对客户的订购信息进行检查、确认，并把相关的、经过加密的客户支付信息转发给支付网关。

3）支付网关转发客户支付信息（经商家银行发给客户银行），审核支付信息，请求支付。

4）客户银行验证确认后，通过建立起来的经由支付网关的加密通信通道，给商家服务器回送确认及支付结算信息。

5）银行得到客户传来的进一步授权结算信息后，把资金从客户账号上转拨至开展电子商务的商家银行账号，借助金融专用网进行结算，并给商家发送支付结算成功信息。

6）商家服务器收到银行发来的结算成功信息后，给客户发送网络付款成功信息和确认购买通知。至此，一次典型的网络支付结算流程结束。商家和客户可以分别借助网络查询自己的资金余额信息，以进一步核对。

以上网上支付的一般流程只是对各种网上支付结算方式的应用流程的普遍归纳，不表示各种网络支付方式的应用流程完全相同，但大致遵守该流程。

2. 电话支付

电话支付业务是结合电话银行的一项离线支付业务。用户可以通过网站或者电话这些最为普通的通信设备作为支付终端，在商家下单。商家将订单信息通过银联电子支付服务有限公司（ChinaPay）支付平台送到各个银行的电话银行系统。

电话支付业务支持完全的离线支付，用户通过拨打银行电话便可进行订单支付，整个过程安全、方便、快捷。该业务几乎适用于所有种类的商品交易，特别适用于接收消费者打入销售热线订购商品的商家，如航空电子客票预订、酒店预订、电视邮购等。用户可以随时随地进行产品的订购和支付。电话支付流程如图4-3所示。

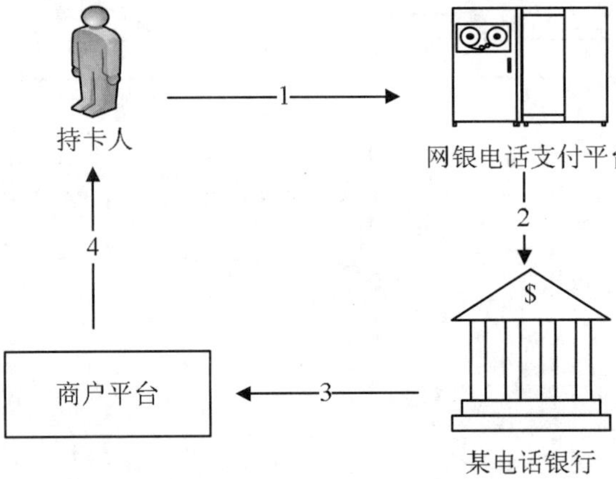

图4-3 电话支付流程

（1）持卡人拨打网银电话支付平台电话，按照语音提示进行操作。

（2）网银电话支付平台将支付结果通过联机接口反馈给电话银行。

（3）电话银行修改订单支付结果状态后，将支付结果通过联机接口反馈给商户平台。

（4）商户平台根据支付结果处理发货事宜。

3. 移动支付

移动支付主要指通过移动通信设备、利用无线通信技术来转移货币价值以清偿债权债务关系。移动支付存在的基础是移动终端的普及和移动互联网的发展，可移动性是其最大的特色。随着移动终端普及率的提高，在未来，移动支付完全有可能替代现金和银行卡，被人们在商品、劳务交易和债权债务清偿中普遍接受。移动支付所使用的移动终端可以是手机、平板电脑、移动PC等。

（1）移动支付的特征。移动支付属于电子支付方式的一种，因而具有电子支付的特征，但因其与移动通信技术、无线射频技术、互联网技术相互融合，又具有自己的特征。

1）移动性。随身携带的移动性，消除了距离和地域的限制。结合了先进的移动通信技术的移动性，用户可以随时随地获取所需要的服务、应用、信息和娱乐。

2）及时性。不受时间、地点的限制，信息获取更为及时，用户可随时对账户进行查询、转账或进行购物消费。

3）定制化。基于先进的移动通信技术和简易的手机操作界面，用户可定制自己的消费方式和个性化服务，账户交易更加简单、方便。

4）集成性。以手机为载体，通过与终端读写器近距离识别进行的信息交互，运营商可以将移动通信卡、公交卡、地铁卡、银行卡等各类信息整合到以手机为平台的载体中进行集成管理，并搭建与之配套的网络体系，从而为用户提供十分方便的支付以及身份认证渠道。

（2）移动支付的支付方式。移动支付的支付方式有短信支付、扫码支付、指纹支付、声波支付等。

1）短信支付。手机短信支付是手机支付的早期应用，将用户手机智能卡与用户本人的银行卡账号建立一一对应的关系，用户通过发送短信的方式在系统短信指令的引导下完成交易支付请求，操作简单，可以随时随地进行交易。手机短信支付服务强调了移动缴费和消费。

2）扫码支付。扫码支付是一种基于账户体系搭建起来的新一代无线支付方案。在该支付方案下，商家可把账号、商品价格等交易信息汇编成一个二维码，并印刷在各种报纸、杂志、广告、图书等载体上发布。

用户通过手机客户端扫描二维码，便可实现与商家的支付结算。商家根据支付交易信息中的用户收货、联系资料，就可以进行商品配送，完成交易。

3）指纹支付。指纹支付即指纹消费，是采用目前已成熟的指纹系统进行消费认证，即顾客使用指纹注册成为指纹消费折扣联盟平台会员，通过指纹识别即可完成消费支付。

4）声波支付。声波支付是利用声波的传输，完成两个设备的近场识别。其具体过程是：在第三方支付产品的手机客户端里，内置有“声波支付”功能，用户打开此功能后，用手机麦克风对准收款方的麦克风，手机会播放一段“咻咻咻”的声音。

（3）移动支付交易流程。移动支付流程如图 4-4 所示。

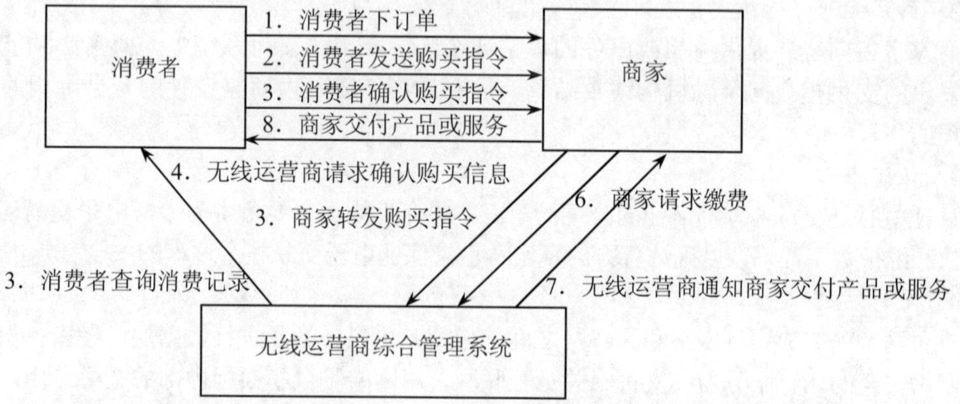

图 4-4 移动支付流程

1）消费者通过互联网进入消费者前台系统选择商品。

2）将购买指令发送到商家管理系统。

3）商家管理系统将购买指令发送到无线运营商综合管理系统。

4）无线运营商综合管理系统将确认购买信息指令发送到消费者前台消费系统或消费者手机上请求确认，如果没有得到确认信息，则拒绝交易，购买过程到此终止。

5）消费者通过消费者前台消费系统或手机将确认购买指令发送到商家管理系统。

6）商家管理系统将消费者确认购买指令转交给无线运营商综合管理系统，请求缴费操作。

7）无线运营商综合管理系统缴费后，告知商家管理系统可以交付产品或服务，并保留交易记录。

8）商家管理系统交付产品或服务，并保留交易记录。

9）将交易明细写入消费者前台消费系统，以便消费者查询。

任务三　电子支付系统

电子支付系统是指由提供支付服务的中介机构、管理货币转移的法规以及实现支付的电子信息技术手段共同组成的，用来清偿经济活动参加者在获取实物资产或金融资产时所承担的债务。电子支付系统把新型支付手段（包括电子现金、信用卡、借记卡、智能卡等）的支付信息通过网络安全地传送到银行或相应的处理机构，来实现电子支付。因此，电子支付系统是电子商务顺利进行的重要社会基础设施。

电子支付系统是实现网上支付的基础。电子支付系统的发展方向是兼容多种支付工具，但目前的各种支付工具之间存在较大差异，分别有自己的特点和运作模式，适用于不同的交易过程。因此当前的多种电子支付系统通常只是针对某一种支付工具而设计的。

基于互联网的电子交易支付系统由客户、商家、认证中心、支付网关、客户银行、商家银行和金融专用网络七个部分组成。

1. 客户

客户一般是指利用电子交易手段与企业或商家进行电子交易活动的单位或个人。客户通过电子交易平台与商家交流信息，签订交易合同，用自己拥有的网络支付工具进行支付。

2. 商家

商家是指向客户提供商品或服务的单位或个人。在电子支付系统中，商家必须能够根据客户发出的支付指令向金融机构请求结算，这一过程一般是由商家设置的一台专门的服务器来处理的。

3. 认证中心

认证中心是交易各方都信任的公正的第三方中介机构，主要负责为参与电子交易活动的各方发放和维护数字证书，以确认各方的真实身份，保证电子交易整个过程的安全稳定进行。

4. 支付网关

支付网关是完成银行网络和因特网之间的通信、协议转换和进行数据加、解密，保护银行内部网络安全的一组服务器。支付网关是互联网公用网络平台和银行内部的金融专用网络平台之间的安全接口，电子支付的信息必须通过支付网关进行处理后才能进入银行内部的支付结算系统。

5. 客户银行

客户银行是指为客户提供资金账户和网络支付工具的银行，在利用银行卡作为支付工具的网络支付体系中，客户银行又被称为发卡行。客户银行根据不同的政策和规定，保证支付工具的真实性，并保证对每一笔认证交易的付款。

6. 商家银行

商家银行是为商家提供资金账户的银行，因为商家银行是依据商家提供的合法账单来工作的，所以又被称为收单行。客户向商家发送订单和支付指令，商家将收到的订单留下，将客户的支付指令提交给商家银行，然后商家银行向客户银行发出支付授权请求，并进行它们之间的清算工作。

7. 金融专用网络

金融专用网络是银行内部及各银行之间交流信息的封闭的专用网络，通常具有较高的稳定性和安全性。

模块二　认识电子支付

随着计算机技术的发展，电子支付的工具越来越多。这些支付工具可以分为三大类：电子货币类，如电子现金、电子钱包等；电子信用卡类，包括智能卡、借记卡、电话卡等；电子支票类，如电子支票、电子汇款、电子划款等。这些方式各有自己的特点和运作模式，适用于不同的交易过程。下面介绍电子现金、电子钱包、电子支票和银行卡。

任务一　电子现金

电子现金是一种以数据形式流通的货币。电子现金把现金数值转换成为一系列的加密序列数，通过这些序列数来表示现实中各种金额的市值，用户在开展电子现金业务的银行开设账户并在账户内存钱后，就可以在接受电子现金的商店购物了。

电子现金的特点：①银行和商家之间应有协议和授权关系；②用户、商家和电子现金银行都需要使用电子现金软件；③电了现金银行负责用户和商家之间资金的转移；④电子现金对使用者来说都是匿名的，使用电子现金消费可以保护使用者的信息。

电子现金以数字信息形式存在，通过通信网流通。电子现金在其生命周期中要经过提取、支付和存款三个过程，涉及用户、商家和银行三方。电子现金交易的基本流程如图 4-5 所示。

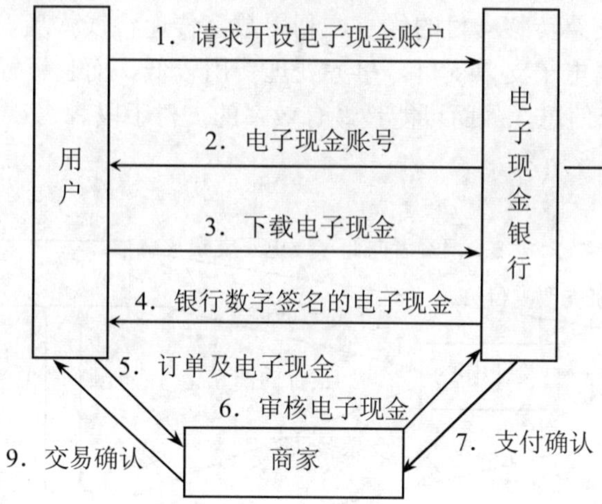

图 4-5　电子现金交易的基本流程

电子现金在经济领域起着与普通现金同样的作用，对正常的经济运行至关重要。电子现金应具备以下性质。

（1）独立性。电子现金的安全性不能只靠物理上的安全来保证，必须通过电子现金自身使用的各项密码技术来保证电子现金的安全。

（2）不可重复花费。电子现金只能使用一次，重复花费能容易地被检查出来。

（3）匿名性。银行和商家互通也不能跟踪电子现金的使用，即无法将电子现金的用户与购买行为联系到一起，从而隐蔽电子现金用户的购买历史。

（4）不可伪造性。用户不能造假币，包括两种情况：一是用户不能凭空制造有效的电子现金；二是用户从银行提取多个有效的电子现金后，也不能根据提取和支付这些电子现金的信息制造出有效的电子现金。

（5）可传递性。用户能将电子现金像普通现金一样，在用户之间任意转让，且不能被跟踪。

（6）可分性：电子现金不仅能作为整体使用，还应能被分为更小的部分多次使用，只要各部分的面额之和与原电子现金面额相等，就可以进行任意金额的支付。

任务二　电子钱包

电子钱包是电子商务活动中常用的一种支付工具，其适用于小额购物。在电子钱包内存放的电子货币有电子现金、电子零钱、电子信用卡等。使用电子钱包购物，通常需要在电子钱包服务系统中进行。电子商务活动中的电子钱包功能通常都是免费提供的。

电子钱包是安全电子交易中的一环，为一计算机软件，用以让消费者进行电子交易与储存交易记录。消费者在网络上进行安全电子交易前，必须先安装符合安全标准的电子钱包软件。电子钱包有两种概念：一是纯粹的软件，主要用于网上消费、账户管理，这类软件通常与银行账户或银行卡账户是连接在一起的；二是小额支付的智能储值卡，持卡人预先在卡中存入一定的金额，交易时直接从储值账户中扣除交易金额。

任务三　电子支票

电子支票是一种借鉴纸张支票转移支付的优点，利用数字传递将钱款从一个账户转移到另一个账户的电子付款形式。用电子支票支付，事务处理费用较低，而且银行也能为参与电子商务的商户提供标准化的资金信息，故而可能是最有效率的支付手段。

电子支票的交易流程如图 4-6 所示。

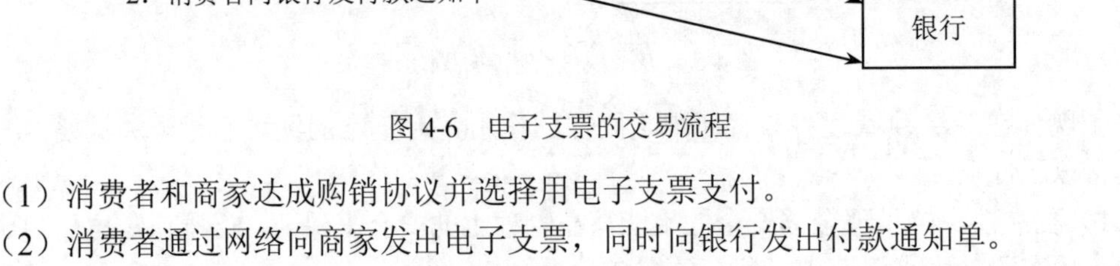

图 4-6　电子支票的交易流程

（1）消费者和商家达成购销协议并选择用电子支票支付。

（2）消费者通过网络向商家发出电子支票，同时向银行发出付款通知单。

（3）商家通过验证中心对消费者提供的电子支票进行验证，验证无误后将电子支票送交银行索付。

（4）银行在商家索付时通过验证中心对消费者提供的电子支票进行验证，验证无误后即向商家兑付或转账。

任务四　银行卡

银行卡是指经批准由商业银行（含邮政金融机构）向社会发行的具有消费信用、转账结算、存取现金等全部或部分功能的信用支付工具。银行卡减少了现金和支票的流通，使银行业务突破了时间和空间的限制，发生了根本性变化。一般情况下，银行卡按是否给予持卡人授信额度分为信用卡和借记卡。

1. 信用卡

信用卡又分为贷记卡和准贷记卡。

（1）贷记卡。贷记卡常称为信用卡，是指发卡银行给予持卡人一定的信用额度，持卡人可在信用额度内先消费、后还款的信用卡。它具有的特点：先消费后还款，享有免息缴款期，并设有最低还款额，客户出现透支可自主分期还款。客户需要向申请的银行交付一定数量的年费，各银行不相同。

（2）准贷记卡。准贷记卡是一种存款有息、刷卡消费、以人民币结算的单币种单账户信用卡，具有转账结算、存取现金、信用消费、网上银行交易等功能。当刷卡消费、取现账户存款余额不足以支付时，持卡人可在规定的有限信用额度内透支消费、取现，银行收取一定的利息。准贷记卡不存在免息还款期。

2. 借记卡

借记卡按功能不同分为转账卡、专用卡、储值卡。借记卡不能透支。转账卡具有转账、存取现金和消费的功能。专用卡是在特定区域、专用用途（是指百货、餐饮、娱乐行业以外的用途）使用的借记卡，具有转账、存取现金的功能。储值卡是银行根据持卡人要求将资金转至卡内储存，交易时直接从卡内扣款的预付钱包式借记卡。

借记卡可以在网络或销售终端消费或者通过自动柜员机转账和提款，不能透支，卡内的金额按活期存款计付利息。消费或提款时资金直接从储蓄账户划出。借记卡在使用时一般需要密码。借记卡按等级可以分为普通卡、金卡和白金卡；按使用范围可以分为国内卡和国际卡。

模块三　电子支付的主要模式

任务一　网上银行

网上银行又称网络银行、在线银行或电子银行，它是各银行在互联网中设立的虚拟柜台，银行利用网络技术，通过互联网向客户提供开户、销户、查询、对账、行内转账、跨行转账、信贷、网上证券、投资理财等传统服务项，使客户足不出户就能够安全、便捷地管理活期和定期存款、支票、信用卡及个人投资等。

1. 网上银行的特点

网上银行的特点是客户只要拥有账号和密码，就能在世界各地通过互联网进入网络银行处理交易。与传统银行相比，网上银行的优势体现在以下几点。

（1）大大降低银行经营成本，有效提高银行盈利能力。开办网上银行业务，主要利用公共网络资源，不需设置物理的分支机构或营业网点，减少了人员费用，提高了银行后台系统的效率。

（2）无时空限制，有利于扩大客户群体。网上银行业务打破了传统银行业务的地域、时间限制，具有“3A”特点，即能在任何时候（Anytime）、任何地方（Anywhere）、以任何方式（Anyhow）为客户提供金融服务，这既有利于吸引和保留优质客户，又能主动扩大客户群，开辟新的利润来源。

（3）有利于服务创新，向客户提供多种类、个性化服务。通过银行营业网点销售保险、证券和基金等金融产品，往往受到很大限制，主要是由于一般的营业网点难以为客户提供详细的、低成本的信息咨询服务。利用互联网和银行支付系统，容易满足客户咨询、购买和交易多种金融产品的需求，客户除办理银行业务外，还可以很方便地在网上买卖股票、债券等。网上银行能够为客户提供更加合适的个性化金融服务。

2. 网上银行的分类

（1）按照有无实体网点分类。按照有无实体网点，可以将网上银行分为虚拟银行和传统银行转型。

1）虚拟银行。虚拟银行是指没有实际的物理柜台作为支持的网上银行，这种网上银行一般只有一个办公地址，没有分支机构，也没有营业网点，采用国际互联网等高科技服务手段与客户建立密切的联系，提供全方位的金融服务。

2）传统银行转型。传统银行转型是在现有的传统银行的基础上，利用互联网开展传统的银行业务交易服务，即传统银行利用互联网作为新的服务手段为客户提供在线服务，实际上是传统银行服务在互联网上的延伸。这是网上银行存在的主要形式，也是绝大多数商业银行采取的网上银行发展模式。

（2）按照服务对象分类。按照服务对象，可以把网上银行分为个人网上银行和企业网上银行。

1）个人网上银行。个人网上银行主要适用于个人和家庭的日常消费支付与转账。客户可以通过个人网上银行服务，完成实时查询、转账、网上支付和汇款功能。个人网上银行服务的出现，标志着银行的业务触角直接伸展到个人客户的家庭个人计算机，方便使用，真正体现了家庭银行的风采。

2）企业网上银行。企业网上银行主要针对企业与政府部门等企事业客户。企事业组织可以通过企业网上银行服务实时了解企业财务运作情况，及时在组织内部调配资金，轻松处理大批量的网上支付和工资发放业务，并可处理信用证相关业务。

3. 网上银行的功能

一般来说，网上银行的功能主要包括基本业务、网上投资、网上购物、个人理财助理、企业银行及其他金融服务。

（1）基本业务。商业银行的网上银行提供的基本业务包括在线查询账户余额、交易记录，下载数据，转账和网上支付等。

（2）网上投资。由于金融服务市场发达，可以投资的金融产品种类众多，国外的网上银行提供包括股票、期权、共同基金投资等多种金融产品服务。

（3）网上购物。商业银行的网上银行提供的网上购物协助服务，大大方便了客户网上购物，为客户在相同的服务品种上提供了优质的金融服务或相关的信息服务，加强了商业银行在传统竞争领域的竞争优势。

（4）个人理财助理。个人理财助理是国外网上银行重点发展的一个服务品种。各大银行将传统银行业务中的理财助理转移到网上进行，通过网络为客户提供理财的各种解决方案，提供咨询建议，或者提供金融服务技术的援助，从而极大地扩大了商业银行的服务范围，并降低了相关的服务成本。

（5）企业银行。企业银行服务是网上银行服务中最重要的部分之一。其服务品种比个人客户的服务品种更多，也更为复杂，对相关技术的要求也更高，所以能够为企业提供网上银行服务是商业银行实力的象征之一，一般中小网上银行或纯网上银行只能提供部分服务，甚至完全不提供这方面的服务。

（6）其他金融服务。除了银行服务外，大商业银行的网上银行均通过自身或与其他金融服务网站联合的方式，为客户提供多种金融服务产品，如保险、抵押和按揭等，以扩大网上银行的服务范围。

任务二　第三方支付

第三方支付是指具备一定实力和信誉保障的独立机构，采用与各大银行签约的方式，通过与银行支付结算系统接口对接而促成交易双方进行交易的网络支付模式。

在第三方支付模式下，买方选购商品后，使用第三方平台提供的账户进行货款支付（支付给第三方），并由第三方通知卖家货款到账、要求发货；买方收到货物，检验货物，并且进行确认后，再通知第三方付款；第三方再将款项转至卖家账户。

1. 第三方支付的交易流程

在第三方支付交易流程中，支付模式使商家看不到客户的信用卡信息，同时又避免了信用卡信息在网络上多次公开传输而导致信用卡信息被窃。

以 B2C 交易为例，第三方支付的交易流程如图 4-7 所示。

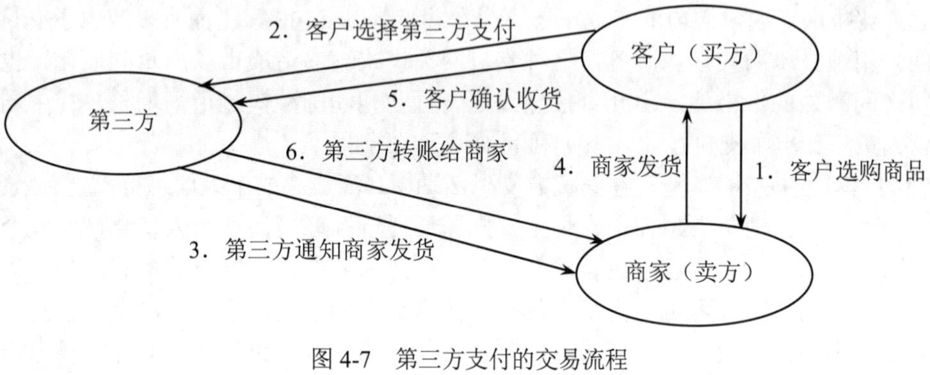

图 4-7　第三方支付的交易流程

（1）客户在电子商务网站上选购商品，最后决定购买。

（2）客户选择利用第三方作为交易中介，客户用信用卡将货款划到第三方账户。

（3）第三方将客户已经付款的消息通知商家，并要求商家在规定时间内发货。

（4）商家收到通知后按照订单发货。

（5）客户收到货物并验证后通知第三方。

（6）第三方将其账户上的货款划入商家账户中，交易完成。

2. 第三方支付的优势

第三方支付的优势主要体现在以下几方面。

（1）对商家而言，通过第三方支付平台可以规避无法收到客户货款的风险，同时能够为客户提供多样化的支付工具。尤其为无法与银行网关建立接口的中小企业提供了便捷的支付平台。

（2）对客户而言，不但可以规避无法收到货物的风险，而且货物质量在一定程度上也有了保障，可以增强客户网上交易的信心。

（3）对银行而言，通过第三方平台银行可以扩展业务范畴，同时也节省了为大量中小企业提供网关接口的开发和维护费用。

3. 第三方支付的劣势

（1）风险问题。在电子支付流程中，资金都会在第三方支付服务商处滞留，即出现所谓的资金沉淀，如缺乏有效的流动性管理，则可能存在资金安全和支付的风险。同时，第三方支付机构开立支付结算账户，先代收买家的款项，然后付款给卖家，这实际已突破了现有的诸多特许经营的限制，可能为非法转移资金和套现提供便利，因此形成潜在的金融风险。

（2）电子支付经营资格的认知、保护和发展问题。第三方支付结算属于支付清算组织提供的非银行类金融业务，银行将以牌照的形式提高门槛。因此，对于那些从事金融业务的第三方支付公司来说，面临的挑战不仅仅是如何赢利，更重要的是能否拿到将要发出的第三方支付业务牌照。

（3）业务革新问题。因为支付服务客观上提供了金融业务扩展和金融增值服务，其业务范围必须要明确并且要大胆推行革新。现在，全球拥有手机的人多于拥有电脑的人，相对于单纯的网上支付，移动支付领域将有更大作为。所以第三方支付能否趁此机遇改进自己的业务模式，将决定第三方支付最终能否走出困境，获得发展。

（4）恶性竞争问题。电子支付行业存在损害支付服务甚至给电子商务行业发展带来负面冲击的恶意竞争的问题。国内的专业电子支付公司已经超过 40 家，而且多数电子支付公司与银行之间采用纯技术网关接入服务，这种支付网关模式容易造成市场严重同质化，也挑起了支付公司之间激烈的价格战，由此直接导致这一行业利润削减快过市场增长。在中国，惯用的价格营销策略让电子支付行业吞下了利润被摊薄的苦果。

（5）法律、法规支持问题。在第三方支付活动中，消费者的个人信息得不到有效的保障。以支付宝为例，如果消费者想使用支付宝，则需要通过互联网注册个人信息，而其个人信息又跟支付账号是绑定的，信息中包含了个人身份信息和一些银行账户的信息。如果遇到恶意的网络攻击或者第三方金融机构内部人员故意泄露信息的情况，消费者的个人信息将会被泄露，同时由于中间流程较多，维权十分困难。其次，第三方支付目前没有就市场退出时针对消费者的法律细则，导致一些经营不善的第三方支付企业退出市场时，客户的权益得不到保障，同时申诉无门。

我国一直到 2005 年才逐步将第三方支付的问题视作一个重要的法律问题而逐步进行管理，并出台了数部规定性的文件，如《支付清算管理办法》《电子支付指引》等。从中可以看到，我国对于第三方支付的法律主体地位的定性也是摸索性的。从参照美国 PayPal 将其定位为中介机构，到逐步认识到其重要性将其定位为非银行性质的金融组织，再到简单化将其认定为支付清算机构等。第三方支付机构的法律主体地位一直处于游离的状态。这就容易带来一系列的问题，如准入资质的法律确定、业务的范围、由什么部门监管等。

4. 第三方支付主流品牌

中国国内的第三方支付主流品牌主要有支付宝、微信支付、百度钱包、PayPal、中汇支付、拉卡拉、财付通、融宝、盛付通、腾付通、通联支付、易宝支付、中汇宝、快钱、国付宝、物流宝、网易宝、网银在线、环迅支付 IPS、汇付天下、汇聚支付、宝易互通、宝付、乐富等。

（1）PayPal。PayPal 就是通常说的“PayPal 贝宝国际”，是针对具有国际收付款需求用户设计的账户类型。即时支付，即时到账，全中文操作界面，能通过中国的本地银行轻松提现，为客户解决外贸收款难题，助客户成功开展海外业务，决胜全球。它是目前全球使用最为广泛的网上交易工具。PayPal 在全球 202 个国家和地区有超过 2.2 亿用户，已实现在 24 种外币间进行交易。PayPal 的主要特点如下：

1）品牌效应强。PayPal 在欧美国家的普及率极高，是全球在线支付的代名词，其强大的品牌优势能让有关网站轻松吸引众多海外客户。

2）资金周转快。PayPal 独有的即时支付、即时到账的特点，让客户能够实时收到海外客户发送的款项。最短仅需 3 天即可将账户内款项转账至客户国内的银行账户，及时高效地帮助客户开拓海外市场。

3）安全保障高。完善的安全保障体系，丰富的防欺诈经验，业界最低风险损失率（仅 0.27%），不到使用传统交易方式的六分之一，确保客户的交易顺利进行。

4）使用成本低。无注册费用、无年费，手续费仅为传统收款方式的二分之一。

5）数据加密技术。当客户注册或登录 PayPal 站点时，会验证客户的网络浏览器是否正在运行 SSL 3.0 或更高版本。传送过程中，信息受到加密密钥长度达 168 位（市场上的最高级别）的 SSL 保护。

（2）支付宝。支付宝（中国）网络技术有限公司是国内领先的第三方支付平台，致力于提供“简单、安全、快速”的支付解决方案。支付宝公司从 2004 年建立开始，始终以“信任”作为产品和服务的核心，旗下有“支付宝”与“支付宝钱包”两个独立品牌，自 2014 年第二季度开始成为当前全球最大的移动支付厂商。支付宝与国内外 180 多家银行以及 VISA（维萨）、MasterCard（万事达卡）等国际组织或机构建立战略合作关系，成为金融机构在电子支付领域最为信任的合作伙伴。

2019 年 1 月 9 日，支付宝正式对外宣布，支付宝全球用户数已经超过 10 亿。支付宝的主要功能如下：

1）支持关联余额宝，理财收益随时查看。

2）支持各种场景关系，群聊群付更方便。

3）提供本地生活服务，买单打折尽享优惠。

4）为子女父母建立亲情账户。

5）随时随地查询淘宝账单、账户余额、物流信息。

6）免费异地跨行转账，信用卡还款、充值、缴水电煤气费。

7）还信用卡、付款、缴费、充话费、卡券信息智能提醒。

8）行走捐，支持接入苹果手机健康数据，可与好友一起健康行走及互动，还可以参与公益。

（3）拉卡拉。拉卡拉是综合普惠金融科技平台。拉卡拉成立于 2005 年，秉承普惠、科技、创新、综合的理念，打造了底层统一、用户导向的共生系统，为个人和企业用户提供支付、征信、融资、社区金融等服务。拉卡拉主要提供：

1）便民支付。拉卡拉社区便民支付服务平台是拉卡拉首创的远程自助银行中间业务系统，通过安装在社区商铺中的拉卡拉终端，实现自助银行、便民缴费、生活服务、金融服务四大功能，90%以上的品牌连锁店均将拉卡拉自助终端作为标配。

2）移动支付。拉卡拉移动支付在传统的支付业务基础上进行移动端的产品开发，可以满足个人用户及商户完成便民支付、生活缴费、社区电商等业务办理，为用户提供安全、便捷、时尚的移动支付服务，全面提升用户体验，提高交易效率，打造移动支付新生活。

3）销售终端收单。拉卡拉销售终端收单业务是专业化收单服务，通过拉卡拉支付平台体系，不断丰富、创新收单产品，拓展增值服务；为商户提供专业化与全方位的收单与金融服务，全面满足扫码支付、NFC（近场通信）支付、芯片卡和磁条卡支付等需求。

4）跨境支付。拉卡拉为广大开展跨境电子商务的境内外商户提供跨境支付结算整体解决方案。

知识小结

（1）电子支付是指电子交易的当事人，包括消费者、厂商和金融机构，使用安全电子支付手段，通过网络进行的货币支付或资金流转。电子支付发展经历了五个不同发展阶段。

（2）电子支付的业务类型按电子支付指令发起方式分为网上支付、电话支付、移动支付、销售终端交易、自动柜员机交易和其他电子支付。

（3）网上支付是电子支付的一种形式。广义的网上支付是以互联网为基础，利用银行所支持的某种数字金融工具，发生在购买者和销售者之间的金融交换，从而实现购买者与金融机构、商家之间的在线货币支付、现金流转、资金清算、查询统计等过程，为电子商务服务和其他服务提供金融支持。

（4）电话支付业务是结合电话银行的一项离线支付业务。用户可以通过网站或者电话这些最为普通的通信设备作为支付终端，在商家下单。商家将订单信息通过银联电子支付服务有限公司（ChinaPay）支付平台送到各个银行的电话银行系统。

（5）移动支付主要指通过移动通信设备、利用无线通信技术来转移货币价值以清偿债权债务关系。移动支付所使用的移动终端可以是手机、平板电脑、移动 PC 等。

（6）电子支付系统是指由提供支付服务的中介机构、管理货币转移的法规以及实现支付的电子信息技术手段共同组成的，用来清偿经济活动参加者在获取实物资产或金融资产时所承担的债务。电子支付系统是电子商务顺利进行的重要社会基础设施。Mondex 系统、First Virtual 系统和 FSTC 系统是目前使用的几种主要的电子支付系统。

（7）电子支付的工具可以分为三大类：电子货币类，如电子现金、电子钱包等；电子信用卡类，包括智能卡、借记卡、电话卡等；电子支票类，如电子支票、电子汇款、电子划款等。

（8）网上银行又称网络银行、在线银行或电子银行，它是各银行在互联网中设立的虚拟柜台，银行利用网络技术，通过互联网向客户提供开户、销户、查询、对账、行内转账、跨行转账、信贷、网上证券、投资理财等传统服务项，使客户足不出户就能够安全、便捷地管理活期和定期存款、支票、信用卡及个人投资等。

（9）第三方支付是指具备一定实力和信誉保障的独立机构，采用与各大银行签约的方式，通过与银行支付结算系统接口对接而促成交易双方进行交易的网络支付模式。在第三方支付模式下，买方选购商品后，使用第三方平台提供的账户进行货款支付（支付给第三方），并由第三方通知卖家货款到账、要求发货；买方收到货物，检验货物，并且进行确认后，再通知第三方付款；第三方再将款项转至卖家账户。中国国内的第三方支付产品主要有支付宝、微信支付、百度钱包、PayPal 等。

知识巩固

一、名词解释

电子支付　　电子钱包　　移动支付　　第三方支付　　网上银行

二、单项选择题

1．电子商务最核心、最关键的环节是（　　）

A．信息搜寻　　B．网上支付　　C．在线洽谈　　D．物流配送

2．以下不属于第三方支付平台的是（　　）。

A．支付宝　　B．财付通　　C．ChinaPay　　D．网上银行

3．第三方支付的服务价值在于（　　）。

A．提供成本优势　　B．提供竞争优势

C．提供创新优势　　D．提供价格优势

4．（　　）不是第三方支付服务商的特点。

A．支付中介　　B．技术中间件　　C．信用保证　　D．接口程序

5．电子支付是指电子交易的当事人使用安全电子支付手段，通过（　　）进行的货币支付或资金流转。

A．中介银行　　B．开户银行　　C．发卡银行　　D．网络

6．电子现金的优点是（　　）。

A．实用　　B．成本高　　C．风险大　　D．无纸化

7．使用电子钱包进行网上购物的步骤为（　　）。

A．上网查询－下订单－选好商品－用电子钱包付款－清算

B．选好商品－上网查询－下订单－用电子钱包付款－清算

C．上网查询－选好商品－用电子钱包付款－下订单－清算

D．上网查询－选好商品－下订单－用电子钱包付款－清算

8．电子支票在使用过程中，需通过（　　）来鉴定支票的真伪。

A．密押　　B．验证中心　　C．银行　　D．商家

9．和传统的支付手段相比，目前国内网上支付的显著特点是（　　）。

A．对设备要求更高　　B、更加安全

C．覆盖范围更广　　D．为更多商家所接受

10．（　　）是一般网上银行不提供的。

A．为在线交易双方发放电子证书　　B．为在线交易的买卖双方办理交割手续

C．办理同行转账业务　　D．即时金融信息服务

三、多项选择题

1．传统的支付方式主要有（　　）。

A．现金　　B．票据　　C．信用卡　　D．支票

2．网上银行的基本特点包括（　　）。

A．风险最低　　B．经营成本低廉

C．服务方便、快捷、高效、可靠　　D．全面实现无纸化交易

3．智能卡的应用包括（　　）。

A．传统的电子支付　　B．互联网上的网络支付

C．电子身份识别　　D．信息存储

4．电子支付的特点包括（　　）。

A．电子支付使用的是最先进的通信手段，对软、硬件设施的要求很高

B．电子支付是采用先进的技术通过数字流转来完成信息传输的，其各种支付方式都是采用数字化的方式进行款项支付的

C．电子支付具有方便、快捷、高效、经济的优势

D．电子支付的工作环境是基于一个封闭的系统平台即互联网之中

5．网上银行的优势包括（　　）。

A．成本低　　B．持续性服务　　C．安全性高　　D．互动性

四、简答题

1．简述电子支票支付流程。

2．简述网上银行的功能。

3．简述第三方支付的优势。

实战演练

实战任务一　访问中国工商银行和中国建设银行网站，对比两家银行的功能有哪些相同点和不同点。为保证用户信息和操作安全，在安全策略方面，两家银行各采用什么安全策略。

实战任务二　登录支付宝账号，利用支付宝快捷支付任意购买一件商品，将操作流程截图，并归纳第三方支付的优点和缺点。

实战任务三　归纳总结微信支付的主要方式，并简述每种方式的实现方法是什么。总结微信支付的优势。

学习情境五　网络营销

学习目标

- 了解网络营销的定义、特征、发展和趋势。
- 熟悉网络营销的模式。
- 掌握不同网络营销模式的推广方法。
- 理解网络调研的涵义和特征。
- 掌握网络市场调研的方法。

案例导入

2018年2月15日22点18分，伴随着支付宝的一声信息提示音，全国2.5亿网民不约而同地打开了支付宝派来的五福红包，在这举国欢庆的团圆除夕夜里，支付宝给国人带来了一份期待，也带来了一份独特的仪式感。这已经是支付宝连续第三年在春节期间给用户派送五福红包了。2016年共79万人集齐五福红包，平分了2.15亿奖金；2017年共1.68亿人集齐五福红包，拼手气分享了2亿奖金；而2018年，共有2.5亿人次集齐支付宝的五福，分享了5亿奖金。据蚂蚁金服首席执行官井贤栋介绍："支付宝的集五福是回馈支付宝新老用户的活动，支付宝专注于提高用户的体验和感受，将春节发红包的传统结合到支付宝'用户至上'的服务理念中，给用户增加一项新的春节活动，此项活动可能还会延续下去。"支付宝看似无偿的红包福利回馈，实际却是非常成功的营销事件。无论是"敬业福"网络社交互动饥饿营销，还是基于AR（增强现实）技术扫福的新玩法，支付宝此次营销事件是典型的网络与营销特性相结合的成功案例。支付宝通过五福的红包回馈，除了提高了用户黏性，还增加了用户数量。相比于几亿元的营销成本，集五福事件给支付宝带来的潜在收益更大。未来可能会像支付宝首席执行官所言，集支付宝五福红包将会是全球华人欢庆团圆节日里的一项必备节目，这便是成功的网络营销。

模块一　认识网络营销

网络营销的发展始于网络技术的普及，随后移动互联网营销以及社交网络营销也逐渐发展起来。随着网络应用的不断发展，网络营销在商务营销推广中所扮演的角色越来越重要，我国也开始加速进入网络营销时代，网络营销的模式也越来越多样化。

任务一　网络营销的含义

营销是企业拓展市场的重要方法和手段，在传统的市场环境下，企业的营销活动已经形成了一套有效完整的模式。互联网的出现，极大地改变了原有市场营销方式，使得网络营销在不同环节中都发生了深刻的变化。企业和营销人员必须充分认识到这一点，才有可能迅速地从传统的营销模式中转变过来，在现代市场营销理论的指导下，结合互联网的特性，正确地运用各种新的营销方法，实现更好的营销效果。

1. 网络营销的定义

简单来说，网络营销（On-line Marketing 或 E-Marketing）是以现代营销理论为基础，借助网络、通信和数字媒体技术实现营销目标的商务活动。网络营销是企业整体营销战略的一个组成部分，是科技进步、顾客价值变革、市场竞争等综合因素促成的，是信息化社会的必然产物。网络营销根据其实现方式有广义和狭义之分，广义的网络营销指企业利用一切计算机网络进行营销活动，而狭义的网络营销专指国际互联网营销。通俗一点说，网络营销就是借助互联网来做营销，网络只是载体，营销是核心。

2. 网络营销的特征

互联网是一种功能强大的营销工具，同时兼具渠道、促销、电子交易、互动顾客服务、市场信息分析与提供的多种功能。因此，基于互联网的营销过程也具备以下特征。

（1）公平性。在网络营销中，所有的企业都站在同一条起跑线上。公平性只是意味着给不同的公司、不同的个人提供了平等的竞争机会，并不意味着财富分配上的平等。

（2）虚拟性。由于互联网使得传统的空间概念发生变化，出现了有别于实际地理空间的虚拟空间或虚拟社会。

（3）对称性。在网络营销中，互联网的特性使得信息的非对称性大大减少。消费者可以从网上搜索自己想要的任何信息，并能得到有关专家的适时指导。

（4）模糊性。互联网使许多人们习以为常的边界变得模糊，其中最显著的是企业边界的模糊、生产者和消费者的模糊、产品和服务的模糊。正因为网络营销的模糊性，使经济活动变得扑朔迷离，难以分辨。

（5）跨时域性。营销的最终目的是占有市场份额。由于互联网能够超越时间约束和空间限制进行信息交换，使得营销脱离时空限制进行交易变成可能，企业有了更多时间和更大的空间进行营销，可每周七天、每天二十四小时随时随地提供全球性营销服务。

（6）交互式。互联网通过展示商品图像、商品信息资料库提供有关的查询，来实现供需互动与双向沟通，还可以进行产品测试与消费者满意调查等活动。互联网为产品联合设计、商品信息发布以及各项技术服务提供最佳工具。

（7）成长性。互联网使用者数量快速成长并遍及全球，使用者多属年轻、中产阶级、高教育水准人群，由于这部分群体购买力强而且具有很强的市场影响力，因此是一项极具开发潜力的市场渠道。

（8）整合性。互联网上的营销可由商品信息至收款、售后服务一气呵成，因此也是一种全程的营销渠道。以统一的资讯向消费者传达信息，避免不同传播渠道中信息不一致而产生消极影响。

（9）经济性。计算机可储存大量信息待消费者查询，可传送的信息数量与精确度远超过其他媒体，并能应市场需求及时更新产品或调整价格，因此能及时有效地了解并满足顾客的需求。通过互联网进行信息交换，代替以前的实物交换，一方面可以减少印刷与邮递成本，可以无店面销售，免交租金，节约水电与人工成本，另一方面可以减少迂回多次交换带来的损耗。

（10）简易性。网络营销大部分是通过线上营销人员一系列的宣传和推广操作来开展营销活动的，这其中的技术含量相对较低，对于企业而言是小成本大产出的经营活动。

任务二　网络营销的产生、发展与趋势

1. 网络营销的产生

1989年，英国的一名软件工程顾问编写了一个名为Enquire的信息处理工具，它就是万维网（World Wide Web，WWW）的最初概念，两年后这个名叫伯纳斯·李的工程师贴出了一份关于万维网的简单摘要，这就是Web页面在互联网上的首次登场。同年12月，欧洲核子研究组织首次启动了万维网并成立了全球第一个万维网网站 info.cern.ch，同时在其官网上放上了其机构的介绍，从此人类便开始踏入网络营销时代。

网络营销工具的运行平台是互联网，服务于一切与实现营销目标有关的网络营销活动，其目的是促使网络营销的开展效率更高、效果更好。因此，网络营销工具的产生、发展与互联网的产生、发展以及与企业的网上营销活动紧密相关，这也给网络营销的诞生做好了铺垫。具体而言，网络营销产生的背景基础还包括以下几个方面。

（1）互联网的诞生是网络营销工具产生的技术基础。互联网是一种集信息技术、通信技术、计算机技术为一体的网络系统。作为军事和科研用途的互联网，由于其传播范围广、成本低、及时、互动性强等特点，从诞生起就被企业作为发布商业信息、寻找商机的重要手段。网络营销工具一方面充分利用了互联网技术和现代通信技术，另一方面网络营销工具的运行离不开互联网。因此，如果没有互联网技术，网络营销也将无从谈起。

（2）消费心理和行为的改变是网络营销工具产生的观念基础。网络营销是以互联网作为营销的媒体、市场或营销工具，通过创造顾客价值、提高顾客满意度来实现营销的目标和组织盈利的目标，从而建立有积极影响力的商务模式以促进市场环境的发展。网络营销不仅仅是一种技术手段的革命，它包含了更深层的观念革命。互联网的出现，使得消费观念、消费方式和消费地位发生了重大的变化，使网络消费者心理及需求呈现出新的特点和趋势。

（3）营销环境的变化是网络营销工具产生的现实基础。在现代竞争越来越激烈的商业社会里，对许多企业而言，其营销渠道的成本非常高。部分行业中，营销成本甚至要占到销售额的五成以上。同时，一些新兴中小企业进入一个行业的门槛也越来越高，商品信息由于计算机技术和网络的发展而呈现海量化趋势。为了在竞争中占据优势，企业不断地推出各种低成本的网络营销手段来开辟新的市场、发现新的市场机会。随之而来的问题是，消费者面对海量商品在选择中无从下手，在选购过程中消耗的时间成本也越来越高。而商家在进行商品比较或者竞价的过程中，也需要更高效率并能提高自己竞价能力的工具。基于上述种种因素，市场参与各方都有一种寻找能降低成本提高效率新手段的愿望，而在不断涌现的新方法中，网络营销工具就成为可供选择的手段之一。利用一系列网络营销工具开展网络营销，不仅可以节约昂贵的店面租金、减少库存商品资金占用、消除经营规模的限制，还可以及时收集市场信息、捕捉消费趋势，更好地开发出满足消费者需求的产品和服务。这些都可以使企业经营成本和费用降低，增强企业的市场竞争能力。

2. 网络营销的发展

随着互联网影响的进一步扩大，人们对网络营销的理解进一步加深，出现了越来越多的网络营销成功推广案例，人们已经开始意识到网络营销的诸多优点，并越来越普遍地通过网络进行营销推广。网络营销不单单是一种营销手段，更是一种文化，是信息化社会的新文化，

引导媒体进入一个新的模式。

1994 年 4 月 12 日，美国亚利桑那州两位从事移民签证咨询服务的律师 Laurence Carter 和 Martha Siegel 把一封“绿卡抽奖”的广告信发到他们可以发现的每个新闻组，这在当时引起轩然大波，他们的“邮件炸弹”让许多服务商的服务处于瘫痪状态。

更有趣的是，他们花费 20 美元通过互联网发布广告信息，却吸引来 250000 个客户，赚了 10 万美元。这就是在网络营销中赫赫有名的“律师事件”，这可以说是第一个电子邮件营销。在“律师事件”半年后，1994 年 10 月 27 日，网络广告才正式诞生，这标志着网络营销时代正式开启；而直到 1995 年 7 月份，全球著名的网上商店亚马逊才正式成立，这标志着网络开启线上销售业务范畴，但已经比“第一个利用互联网赚钱的人”足足晚了 15 个月。

在我国，网络营销起步比较晚，1997 年是中国网络营销的诞生年，中国网络营销的发展历程可以分为四个阶段。

（1）网络营销的传奇阶段。在 1997 年以前，中国已经有了互联网，但那个时候的互联网主要是为政府单位、科研机构所使用，还未用于商业，直到 1996 年，中国的企业才开始尝试着使用互联网。那个时候网络营销的特点是：网络营销概念和方法不明确，绝大多数企业对上网几乎一无所知，是否产生效果主要取决于偶然因素。

（2）网络营销的萌芽阶段。1997—2000 年是我国网络营销的起始阶段，随着互联网在企业中广泛使用，电子商务呈现快速发展的趋势，越来越多的企业开始注重网络营销，根据相关数据统计：1997 年 10 月，我国上网人数为 62 万人，万维网站点数大约 1500 个，到 2000 年，国内上网人数已经达到 2250 万人，万维网网站数量达到 265405 个。

从 1997 年到 2000 年这短短的三年里，国内发生了好几起具有标志性意义的网络营销事件：1997 年 2 月，天极信息发展有限公司开通免费新闻邮件服务，到同年 12 月，新闻邮件订户数接近 3 万；1997 年 3 月，在天极信息发展有限公司网站上出现了第一个商业性网络广告；1999 年，B2B 网站阿里巴巴、B2C 网站 8848 等网站成立。在这个阶段，越来越多的企业开始涉及互联网，电子商务也开始从神话向现实转换。而 2000 年上半年，互联网泡沫的破灭刺激了网络营销的应用。

（3）网络营销的应用和发展阶段。2001 年到 2010 年是网络营销服务市场初步形成的时期，企业网站建设发展迅速，专业化程度越来越高。网络广告形式不断创新，应用不断发展。搜索引擎营销向更深层次发展，形成了基于自然检索的搜索引擎营销方式和付费搜索引擎广告等模式。同时，网络论坛、博客、聊天工具、网络游戏等网络介质也不断涌现和发展。

（4）网络营销社交移动化阶段。2010 年起，网络营销正式进入社交营销阶段，以移动网络营销、微信公众号营销、微博营销占主导，以博客、论坛等营销为辅助的营销时代来临。“互联网+”、O2O 电商体系冲击，带动网络营销社交差异化发展。

3. 网络营销的趋势

随着互联网的发展，网络营销对企业来说变得尤为重要。网络就是千变万化的，网络营销的模式也不能一成不变，想要更好地适应市场环境，就需要更好地掌握网络营销的发展趋势。

（1）个性化营销是趋势。在传统营销时代，通过一个广告刷屏，很快就能获得口碑。但是在碎片化的社会里，每个人都用不同的载体、在不同地方接受不同的信息，在这种背景下怎样才能最大程度地影响用户呢？这俨然成为一道难题。但是个性化营销的出现刚好能够解决这个难题。个性化是整个社会在未来的一个必然结果，未来企业在网络开展营销的过程中必须顺应趋势。

（2）大数据实现精准营销。一个企业如果想要成功营销，必须明确自己的产品定位和产品卖点，以及企业产品所针对的客户，即目标受众。只有明确了产品自身的属性和针对人群，才能找准客户，有效地传达产品卖点和理念。从大数据的角度，可以从已有的客户中提取标签，从而了解顾客对产品的需求和客户的群体画像，企业结合技术产生大量的用户数据，这些数据为精准营销提供了决策基础。

（3）差异化营销实现品牌价值。大规模的个性化时代到来以后，宣传的过程将会出现在很多渠道中，客户对品牌的感知也不像传统宣传一样都有模型。客户的消费比较随机，接受信息的渠道也比较分散，这种大规模的个性化时代也一定会到来。未来的营销趋势更加需要强调迎合客户需求、提高用户体验，帮助客户实现价值。比如有的用户喜欢猎奇和创新，在营销宣传过程中，需要用到标新立异的方法去影响他们；而相对保守、喜欢经典的用户，则要用经典、保守的方法去影响他们。这一个过程就是让客户感受到企业品牌的价值。“一锅粥”的营销会慢慢被淡化，差异化营销更能让客户买账。

综上所述，网络营销的发展趋势主要在于个性化和差异化营销。如何做好网络营销呢？这将需要企业创建更专业的运营团队并且投入更多的时间和资金成本。

任务三　网络营销的优势

传统企业向网络转移的热潮日益高涨，注资或并购网络公司的案例也在不断增加，网络营销已经成为许多企业的重要营销策略，一些中小企业对这种成本低廉的网上营销方式甚至比大型企业表现出了更大的热情。网络营销在企业营销中发挥的作用越来越大，甚至很多企业在宣传过程中会首选网络营销而不是传统营销。那么相比于传统营销，网络营销有哪些优势呢？

1. 网络营销相比传统营销更具时效性

毫无疑问，网络营销的传播速度比传统营销更快。在网络上发布广告只需要轻点鼠标就能按下发布按钮。即使碰到需要审核的网站，审核速度也非常快。但是传统媒体从投递到审核可能需要几个工作日，而碰到紧急事件时，网络营销的时效性会起到更重要的作用。

2. 网络营销相比传统营销成本更低

网络营销之所以会受到热捧，最重要的一个原因就是成本低。对于很多中小型企业而言，传统的线下营销成本比较高昂，企业对线下活动的预算经费相对吃紧。相反，网络营销的各种资源及费用投入则相对较少，这便解释了网络营销作为大部分中小型企业首选的缘由。

3. 网络营销相比传统营销覆盖面更广

由于互联网的信息平等性，中小型企业能和大型企业收到同等的信息，他们发布的信息也能和大型企业一样，同等地传送到网民手中。而中小型企业在传统营销的区域性宣传上则很难大范围地覆盖人群，营销范围受到了很大的限制。

4. 网络营销相比传统营销互动性更高

网络是一个互动性非常强的社区。在这里，企业可以和客户进行各种交流，探讨产品和活动。当用户能够感受到企业回复时，他们对企业的信赖度就会更高。但传统营销可能只有在举办活动时才能解答用户的困惑，很多宣传板、报纸媒体都很难做到和用户高效率的互动。

以上四点是网络营销相对传统营销的优势，正是这些优势，让网络营销逐渐成为了当今时代的主流营销方式。企业只有明确了网络营销的优势和特点，才能在企业运营过程中更好地掌握营销过程，使其在企业发展过程中发挥重要的作用。

模块二　网络营销的形式

网络时代的到来使得网络营销变得炙手可热。网络营销是企业整体营销战略的一个重要组成部分，是为实现企业的总体经营目标而实施的一种全面营销活动。同时网络营销又是一种依托于互联网的营销手段，根据其所依托的互联网工具，可以将网络营销的形式分为网络广告营销、搜索引擎营销以及电子邮件营销。

任务一　网络广告营销

网络广告营销是网络营销中极其重要的一个领域，是最直观的电子商务活动，已成为互联网公司（网站）赢利模式中的一个亮点。与此同时，互联网技术的飞速发展为营销活动的开展拓展了空间。利用国际互联网的开放、平等、交互等特性，网络广告营销日益引起关注，成为组织开展营销活动不可或缺的又一重要途径。

1. 网络广告的含义

网络广告是指广告主利用一些受众密集或有特征的网站投放以图片、文字或者与网站内容相结合的方式传播自身的商业信息，并放置链接到需要营销的网页，达到告知、劝说和提醒的目的。狭义的网络广告是指在互联网上传播的商业广告；广义的网络广告是指在互联网上传播的所有广告信息。

网络广告是广告业务在计算机网络中的新拓展，也是网络营销领域率先开发的营销技术之一。从技术层面上看，网络广告是以数字代码为载体，采用先进的电子多媒体技术设计制作的，通过互联网广泛传播，具有良好的交互功能的广告形式。

从 2015 开始，我国网络广告业发展迅速，据不完全统计，2018 年全国网络广告营收额为 5022.5 亿元，相比 2017 年的 3884.1 亿元增长了 29.3%。全年广告业营业额占国内生产总值的比重越来越大，预计 2019 年全年网络广告营收将达到 6300 亿元，如图 5-1 所示。

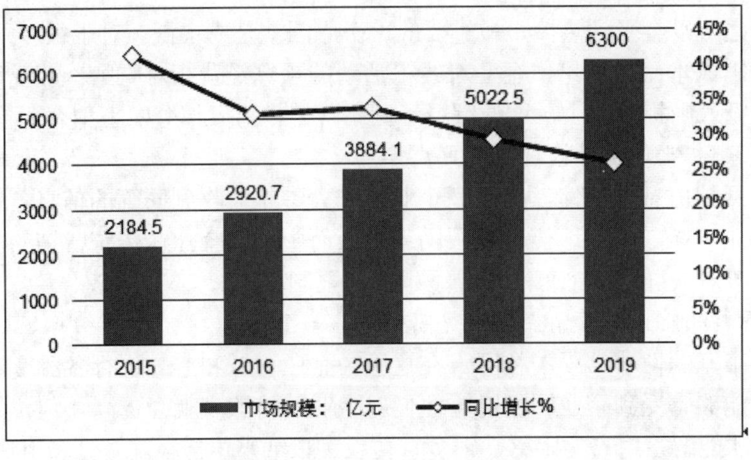

图 5-1　全国网络广告营收表

2. 网络广告的特点

与传统的报纸、杂志、电视、广播等传统媒体相比，网络广告具有得天独厚的优势，是实施现代营销媒体战略的重要组成部分，是中小企业扩展壮大的有效途径，对于广泛开展国际业务的公司更是如此。特别是随着互联网的普及与发展，网络广告的市场正在以惊人的速度增长，网络广告发挥的作用与效果显得越来越重要。相比于其他媒体，网络广告的特征主要表现如下：

（1）传播范围广。网络广告的传播范围极其广泛，不受时间和空间的限制。互联网已覆盖了全世界 175 个国家和地区，通过互联网可以把网络广告传播到它所涉及的所有地域。网络广告突破了传统广告只能局限于一个地区、一个时间段的不足，它把广告信息二十四小时不间断地传播到世界各地。而且网络广告可以随时发布在任何地点的互联网网站上，用户可在任何时间、任何能够连接互联网的地点随时浏览广告。

（2）交互性强。在网络上，广告的受众对某一广告发生兴趣时，可以通过点击进入该广告的主页，进一步详细了解有关信息，甚至可以直接与商家进行咨询和交易洽谈。它是一对一的直接沟通，厂商也可以随时得到宝贵的用户反馈信息。网络广告应个人需求而提供信息，而且根据个人不同的兴趣来展现详略不同的信息。网络广告改变了传统广告传播中信息单向流通、相互隔离以及有时差的缺点，形成了广告发布者和接收者的即时互动关系。

（3）统计便利。利用传统媒体做广告，很难准确地知道有多少人接触到了广告信息。以报纸为例，虽然报纸的读者是可以统计的，但是刊登在报纸上的广告有多少人阅读却只能估计、推测，而不能精确统计。至于电视、广播和路牌等广告的受众人数就很难估计了。而在互联网上，可以通过权威、公正的访客流量统计系统，精确地统计每个广告的浏览人数以及这些用户的查阅时间和地域分布，从而有助于正确评估广告效果，进一步优化广告投放策略。

（4）性价比高。作为新兴媒体，网络广告的收费远远低于传统媒体。相较于传统媒体高额的广告投放费用，网络广告精确的受众投放计划所需的费用较低。传统媒体获取有效用户的成本非常高，而网络广告通常都是按展现量或者效果计费，获得一个有效用户的成本将会低很多。

3. 网络广告的分类

简单而言，在各种互联网平台上投放的广告，都可以定义为网络广告。从表现形式上，可以将网络广告分为 Banner 广告、弹出式广告、按钮广告、视频广告和文本链接广告等。

（1）Banner 广告。Banner 广告是横跨于网页上的矩形公告牌，当用户点击这些横幅的时候，通常可以链接到广告主的网页。这种标志广告有多种不同称呼，如条幅广告、旗帜广告等。Banner 广告一般会被放置在广告商页面最显眼的位置，是互联网广告中最基本的广告形式。网络广告一般是使用 JPEG 格式的图像文件，可以使用静态图形，也可用多帧图像拼接为动画图像。

Banner 广告有多种表现规格和形式，包括静态横幅广告、动画横幅广告和互动式横幅广告，其中最常见的是静态横幅广告。在网络营销发展初期，静态横幅广告一直处于主流地位。以 Banner 广告为代表的传统互联网广告投放方式其实很大程度上相当于将传统媒体上的平面广告转移到网络上投放。网络广告依然继承了传统媒体单向、生硬的缺陷，并且单调的投放方式使得广告创意受到了极大的限制。Banner 广告如图 5-2 所示。

图 5-2　Banner 广告

Banner 广告的投放形式包括以下三种。

1）利用网站资源共享的形式，让其他网站显示一家公司的网络广告，而这些公司的网站同时也显示其他公司的广告，形成一个广告联盟。

2）企业在细分市场目标群体会访问的网站上付费投放横幅广告。这种方式的投放成本比较高。

3）使用网络广告中介投放横幅广告。网络广告中介即广告主与刊登广告的网站之间的经纪公司。网络营销的普及也带动了网络广告中介行业的发展，这些网络广告中介公司，先在各大资源平台上承包广告资源，然后在网络上开展业务工作。

（2）弹出式广告。弹出式广告是指当人们浏览某网页时，网页会自动弹出很小的页面广告或者对话框，以达到宣传效果的网络广告。当弹出式广告出现时，会在屏幕上不断盘旋或漂浮到屏幕的某一角落，用户试图关闭时，另一个广告会马上弹出来。人们对这种弹出式广告的争论已经达到了白热化程度。广告商们之所以对这种新颖的广告方式情有独钟，是因为它可以迫使广大网民不得不浏览其广告内容，从而获得较好的广告效果。弹出式广告的表现形式如图 5-3 所示。

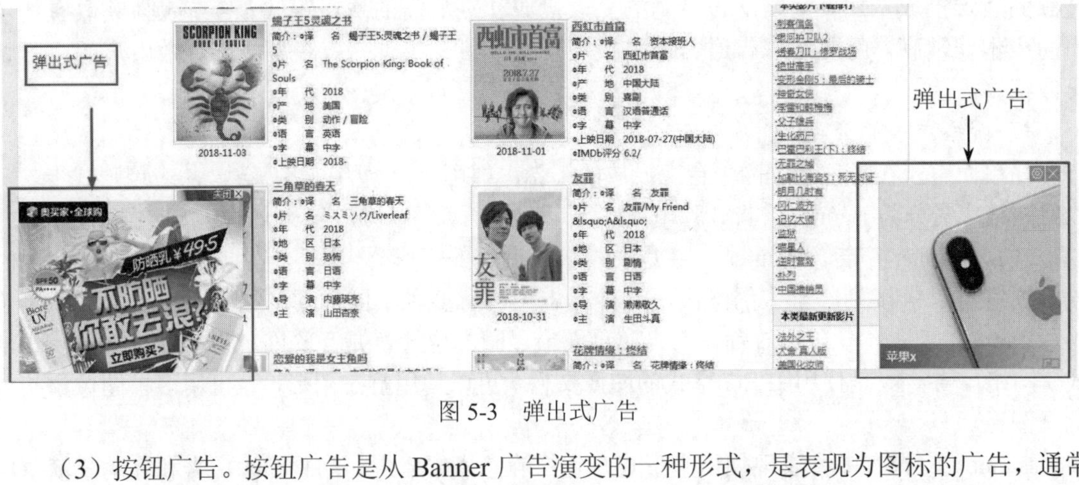

图 5-3　弹出式广告

（3）按钮广告。按钮广告是从 Banner 广告演变的一种形式，是表现为图标的广告，通常广告主用来宣传其商标或品牌等特定标志。按钮广告是一种与标题广告类似，但是面积比较小，而且有不同的大小与版面位置可以选择。按钮广告最早是浏览器网景公司用来提供给使用者下载软件的路径图标，后来这样的规格就成为了一种标准。

按钮广告能提供简单明确的资讯，而且其面积大小与版面位置的安排都比较有弹性，可以放在相关的产品内容旁边，是广告主建立知名度的一种相当经济的选择。一般按钮不是互动的，当用户点击这些按钮的时候会被带到另外一个页面。

按钮广告由于尺寸偏小、表现手法较简单，多用于提示性广告。此广告的不足之处在于有限性和被动性。因为只有浏览者点击才能看到有关具体的信息内容，其投放方式与 Banner 广告相似。按钮广告如图 5-4 所示。

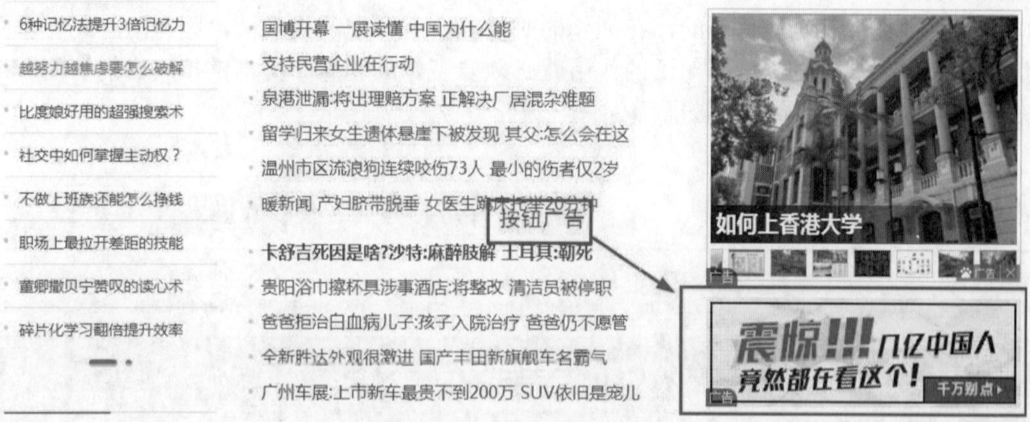

图 5-4 按钮广告

（4）视频广告。视频广告是指通过在网页或在线视频中插播视频从而达到宣传目的的网络营销方式。视频广告包括在网页中弹出的视频广告，以及在视频内容中插入营销视频两种形式。此外，随着移动互联网的发展，移动端的应用程序以及移动视频播放端口的视频广告切入也越来越普遍。

对很多传统行业的企业而言，由于视频管理平台的开发难度较大，不会专门聘请一个技术团队进行视频管理平台的开发。企业网站的管理员为了省事，一般都会将企业的宣传视频上传到优酷或土豆这样的社会化分享平台，再将上传好的视频链接引回到企业网站进行播放。更多的企业会直接将企业广告视频直接投放到这些社会化分享平台中，其营销效果也比较理想。视频广告如图 5-5 所示。

图 5-5 视频广告

（5）文本链接广告。文本链接广告是以文字链接的广告，即在热门站点的网页上放置可以直接访问到其他站点的链接，通过热门站点的访问，吸引一部分流量点击链接的网络广告模式。文本链接广告的表现形式一般是以一排文字作为一个广告，通过点击可以进入相应的广告页面。这是一种对浏览者干扰最少，但却较为有效的网络广告形式。

文本链接广告的优点是对用户阅读网站造成的影响较小，能达到软性宣传的目的。但是此广告是通过文字来传达信息的，在创作的时候就会有一定的挑战性，因为从一句话里传达的信息是有限的，想发挥好这句话的作用就必须要有好的创意。文本链接广告的费用一般也比较低。文本链接广告如图 5-6 所示。

图 5-6　文本链接广告

任务二　搜索引擎营销

1. 搜索引擎营销的含义

搜索引擎，是指根据一定的策略、运用特定的计算机程序从互联网上搜集信息，在对信息进行组织和处理后，为用户提供检索服务，将用户检索相关的信息展示给用户的系统。搜索引擎主要有三种工作方式，分别是全文搜索引擎、目录索引搜索引擎和元搜索引擎。不同的搜索引擎模式应用的场景不一样，日常使用较多的是全文搜索引擎，如百度搜索、谷歌和 360 搜索等。

搜索引擎营销（Search Engine Marketing，SEM）是利用搜索引擎作为工具，在互联网及移动互联网平台中将营销信息传递给目标客户的营销方式。在这种模式下，营销是基于搜索引擎平台，通过一整套的技术和策略系统，利用人们对搜索引擎的依赖和使用习惯，在人们检索信息的时候尽可能完成营销的过程。

搜索引擎用户进行信息搜索是一种主动表达自己真实需要的方式，因此搜索与某类产品或某个品牌相关的关键词的用户就是该产品或品牌所寻找的目标受众或潜在目标受众，这也是搜索引擎应用于网络营销的基本原理。

近年来我国搜索引擎市场也是发展飞速，据不完全统计，2018 年全国搜索引擎营销市场营收额达到 1384 亿元，相比 2017 年的 1168 亿元增长了 18.5%。预计未来几年我国搜索引擎市场规模也将处于快速增长的过程中。全国搜索引擎市场规模如图 5-7 所示。

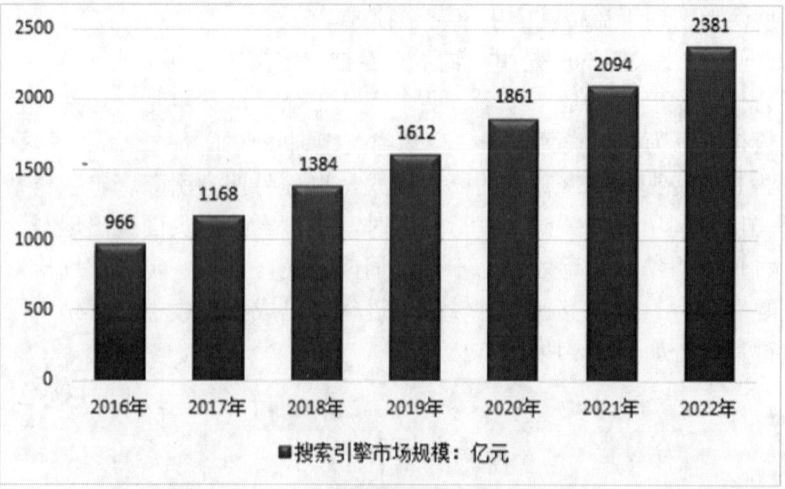

图 5-7 全国搜索引擎市场规模

2. 搜索引擎营销的特征

（1）使用广泛。搜索引擎营销广泛应用于企业的营销过程，无论是企业网站还是网上商店在营销过程中，都会将搜索引擎作为营销手段。以企业网站为例，其网页中都会有企业介绍以及产品发布等内容，如果想要目标客户能够主动上门联系业务，企业在搜索引擎中开展营销推广将会非常必要。用户通过搜索引擎搜索相关需求，那么在结果中将会优先展示已经开展搜索引擎营销服务的网站页面信息。此外，近年流行的网店业务模式中，使用官方平台的搜索引擎营销服务做推广也是必不可少的。

（2）用户占据营销的主动性。相较于其他网络营销方式，搜索引擎营销主要的不同点在于用户更主动地创造了“被营销”的机会。以关键字广告为例，搜索引擎工具上并不会展现具体的关键词广告，只有当用户输入关键字时，才会在关键字搜索结果旁边出现，这便使得用户主动创造了“被营销”的机会。而搜索者的访问则更有针对性，因此搜索引擎营销可以产生更好的营销效果。

（3）操作简便。搜索引擎营销操作相对简单。首先是登录简单；然后是计费简单，以关键字广告为例，它采用的计费方式是按点击的次数来收费；最后是分析统计简单，企业在和搜索引擎提供商建立业务联系后，可以很方便地从后台看到每天的点击量和点击率，有利于企业分析营销效果，优化营销方式。

（4）精准度高。搜索引擎营销是基于对企业所提供的产品和业务开展针对目标客户的营销模式，即通过客户需求搜索来展示产品的营销。相比于其他营销方式，搜索引擎营销的精准度是最高的。因此，搜索引擎营销的营销成本往往都比较高，但是相较于成本的投入，给企业所带来的效益则更直接。

3. 搜索引擎营销的模式

搜索引擎是互联网发展的必然产物，其技术已经非常成熟。搜索引擎的产生来自如何让用户在众多的网络信息中快速找到想要的答案。搜索引擎营销模式从最初的免费发展到今天的几乎全面收费，这也是网络营销发展所导致的必然结果。目前最常见的搜索引擎营销方法包括关键词广告、关键词竞价排名、搜索引擎登录和搜索引擎优化，前两者属于付费搜索引擎营销模式，后两者则属于免费搜索引擎营销模式。

（1）关键词广告。关键词就是用户输入搜索框中的文字，其形式多样，可以是中文、英文或中英文混合体，长度可以是一个字、两个字、三个字，甚至是一句话。按照搜索目的不同，关键词大致可以分为导航类关键词、交易类关键词和信息类关键词。

关键词广告是付费搜索引擎营销的一种模式，也称为搜索引擎广告、付费搜索引擎关键词广告等，是当用户利用某一关键词进行检索时，在检索结果页面会出现与该关键词相关的广告内容的一种搜索引擎营销手段。由于关键词广告是在发生特定关键词检索时才出现在搜索结果页面的显著位置，因此其针对性较强，近年来已成为搜索引擎营销中发展较快的一种营销方式。关键词广告如图 5-8 所示。

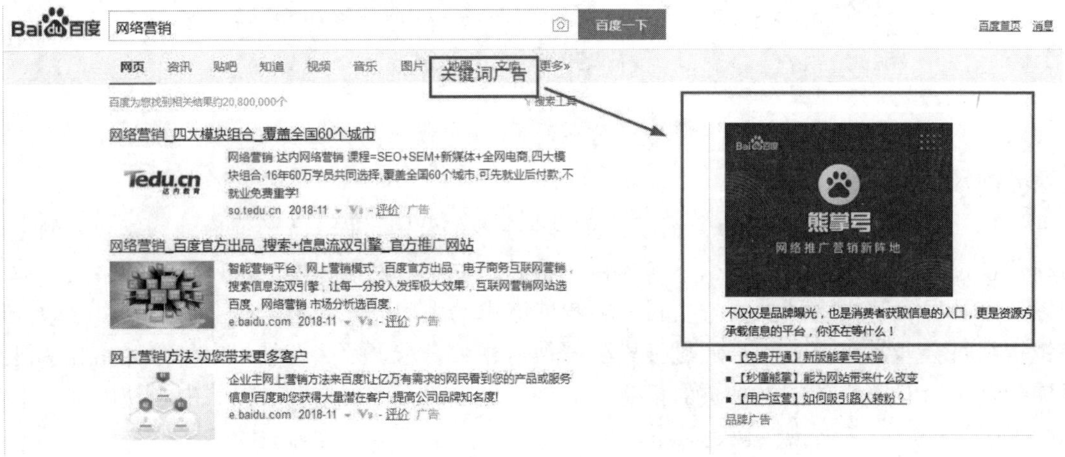

图 5-8　关键词广告

（2）关键词竞价排名。这是一种按效果付费的网络推广方式，即按付费最高者排名靠前的原则，对购买同一关键词的网站进行排名的一种搜索引擎营销方式。与关键词广告类似，关键词竞价排名也可以方便地对用户的点击情况进行统计分析，可以随时更换关键词以增强营销效果。

关键词竞价排名的基本特点是按点击量付费，推广信息出现在搜索结果中（一般是靠前的位置），如果没有被用户点击，则不收取费用。

关键词竞价排名的特点和主要作用如下：

1）按效果付费，费用相对较低。

2）出现在搜索结果页面，与用户检索内容高度相关，提高了推广的定位准确度。

3）竞价结果出现在搜索结果靠前的位置，容易引起用户的关注和点击，因而效果比较显著。

4）搜索引擎自然搜索结果排名的推广效果是有限的，尤其对于自然排名效果不好的网站，采用竞价排名可以很好地弥补这种劣势。

5）企业可以自己控制点击价格和推广费用。

6）企业可以对用户点击情况进行统计分析。

关键词竞价排名是用较低的成本给企业带来大量的目标客户，并能够有效提升企业销售额和品牌知名度。因此企业在做搜索引擎营销的模式选择时，应该优先考虑关键词竞价排名。

关键词竞价排名的表现形式如图 5-9 所示。

图 5-9　关键词竞价排名

（3）搜索引擎登录。搜索引擎登录通常是指搜索引擎给用户提供收录该用户网址的入口，用户可根据相关要求输入网站地址等信息，搜索引擎会收录该网址，而被收录的网站将更优先和准确地展示到搜索结果中，这也是搜索引擎营销中用户最具有主动性的营销模式。登录搜索引擎的方法比较简单，只需要按照搜索引擎的提示逐步填写相关内容即可，比较常用的搜索引擎登录有百度登录、360 搜索引擎登录等。搜索引擎登录如图 5-10 所示。

图 5-10　搜索引擎登录

通常搜索引擎登录审核需要提供网站名称、网站地址、关键词、网站的描述和站长联系信息等。大部分的搜索引擎是需要人工审核的，管理员在收到用户提交的信息后会访问网站，判断用户所提交的信息是否属实、所选择的类别是否合理，并决定是否收录该网站。登录审核通过后，搜索引擎数据库更新时会显示收录信息。

（4）搜索引擎优化。搜索引擎优化（Search Engine Optimization，SEO）是一种利用搜索引擎的规则提升网站在有关搜索引擎内的自然排名，从而提高网站有效访问量的营销方式。通过了解各类搜索引擎抓取互联网页面、进行索引以及确定其对特定关键词搜索结果排名等技术，来对网页进行相关的优化，使其提高搜索引擎排名，从而提高网站访问量，最终提升网站的销售或宣传的效果。对于任何一家网站来说，要想在网站推广中取得成功，搜索引擎优化都是至为关键的一项任务。搜索引擎优化根据优化对象可以分为关键词优化、网站结构优化、链接优化、网页优化以及内容优化五个方面。

1）关键词优化。关键词优化是指把网站里面的关键词进行选词和排版的优化以达到提升网站排名的效果。在搜索引擎中检索信息都是通过输入关键词来实现的，那么关键词的优化便是进行网页优化的基础。提升网站关键字的操作也不复杂，具体的操作方法如下：首先，需要优化的关键词应该尽可能出现在网站首页标题里，位置越靠前越好；其次，网站首页中需要优化的关键词应该尽可能多地出现，关键词密度以2%～8%为宜；再次，与优质的网站交换链接，链接的标题中带有需要优化的关键词，链接的形式最好是单向链接，可以用交叉链接的方法实现；最后，除了交换链接外，还可以在一些权重高的论坛、博客留下外链。

2）网站结构优化。搜索引擎使用网页级别（Page Rank，PR）来对所搜索的网站进行排名，合理优化结构的网站，网页PR值越高，说明该网页在搜索排名中的地位越重要，结果将会是优先被搜索引擎收录。网站结构优化能正确表达网站的基本内容及其内容之间的层次关系，从用户的角度考虑，使用户在网站中浏览时可以更方便地获取信息，不至于迷失。不完善的网站内容管理系统会导致网站结构散乱，非常不适合网站PR值的传递，最终将影响搜索引擎收录。尽管网站结构问题在中小型站点中并不突出，但对于存在较多二级域名的大型网站来讲，网站结构就变得非常重要。

一般说来，在网站结构优化过程中，不提倡将所有文件都存放在根目录下，最好是按栏目内容建立子目录，并且尽量使用意义明确的目录名称，比如image、css、js、post、bbs等，但是注意不要使用中文名称，尤其是针对英文的搜索引擎优化更不应该使用中文目录。目录名称也不宜太过冗长，URL应该越短越好。目录结构不要太深，三级已经足够，并且所有的链接应该能够做到相互回环，使得搜索引擎只要抓取了一个页面，就可以顺着这个页面抓取更多乃至整个站点的所有页面。需要注意的是，如果网站调整，网页目录结构改变，网页被移到一个新地址等改变网页目录结构的时候，应该避免网站出现死链、断链、错链等问题。

3）链接优化。链接优化可以分为内部链接优化以及外部链接优化两个方面。内部链接优化包括相关性链接、锚文本链接和导航链接优化等。如果网站有两个以上的域名，要避免两个或更多域名同时指向一个空间。因为搜索引擎可能会认为这是网页复制，从而把其中一个URL收录，将另一个URL列为复制站点。当网站存在复制站点时，搜索引擎会认为网站有作弊的嫌疑，对排名极为不利。外部链接优化包括保持链接的多样性，包括博客、论坛、新闻、分类信息和贴吧信息等。其次，不断增加网页外部链接的数量，可以提升关键词的排名。

4）网页优化。静态网页是指网页文件中没有程序的网页。静态网页内容不会在制作完成后发生变化，任何人访问都显示一样的内容，如果需要内容的变化就必须修改源代码，然后再上传到服务器上。而搜索引擎一般不会从一个网站的数据库中访问全部网页，搜索蜘蛛也不会抓取网址中全部的内容，所以采用动态网页的网站在进行搜索引擎推广时，需要进行一定的技术处理才能适应搜索引擎的要求。

5）内容优化。对于网络营销而言，基于网站内容的推广才是搜索引擎推广的核心思想。网站内容推广策略是搜索引擎推广策略的具体应用，有效的网站内容是网站推广的基础。从浏览者的角度来看，网上的信息通常并不能完全满足所有用户的需要，每增加一个网页的内容，就意味着为满足用户的信息需求增加一点努力。因此，网站内容策略的基本出发点是可以为用户提供有效的信息和服务，只有这样，无论用户通过哪种渠道来到网站，都可以获得尽可能详尽的信息。

任务三　电子邮件营销

1. 电子邮件营销的含义

电子邮件营销（Email Direct Marketing，EDM）是在用户事先许可的前提下，通过电子邮件的方式向目标用户传递价值信息的一种网络营销手段。电子邮件营销有三个基本因素：用户许可、电子邮件传递信息和信息对用户有价值。三个因素缺少一个，都不能称之为有效的电子邮件营销。电子邮件营销是利用电子邮件与受众客户进行商业交流的一种直销方式，同时也广泛地应用于网络营销领域。电子邮件营销是最传统的一种网络营销方式。

企业可以通过电子邮件系统，使用非常低廉的价格，以非常快速的方式，将文字、图像或声音等各种营销内容，传递到世界上任何一个角落的网络用户。电子邮件结合了电话通信和邮政信件的优势，既能像电话一样快速地传送信息，又能像邮政信件一样，具备收件人的信息和邮件正文等，同时也可以免费得到大量的新闻和专题邮件，实现轻松的信息搜索。电子邮件的使用简单、投递迅速、形式多样、传递快捷、易于保存等特点，使得电子邮件被广泛应用，至今已经成为很多人生活中必不可少的网络交流方式。

2. 电子邮件营销的特征

（1）范围广。互联网的高速发展直接带来了巨大的网络用户群，作为现代广告宣传手段的电子邮件营销正日益受到人们的重视。只要拥有足够多的电子邮件地址，就可以在很短的时间内向数千万目标用户发布广告信息，营销范围可以是全国乃至全球。

（2）操作简单。电子邮件营销的操作非常简单，只需要将对应的营销内容植入邮件中，然后利用群发模式选择目标用户地址就可以开展营销操作了。不过面对成千上万的目标用户，如果使用人工手动添加地址的操作，效率是非常低的，目前市面上已经有专门的邮件营销群发系统，只需要将目标用户的信息整理好，一键添加然后发送，其群发效率相当高。

（3）营销成本低。电子邮件营销是一种低成本的营销方式，营销条件只需要有网络以及注册电子邮件，如果不考虑目标客户信息的购买成本，则几乎是免费的，相较于其他网络营销模式，成本要低得多。

（4）准确度高。由于电子邮件是点对点的传播，所以可以实现非常高精准的传播，如可以针对某一特点的人群发送特定邮件，也可以根据特定行业和地域等进行分类，然后针对目标客户进行邮件群发，使宣传一步到位。

3. 电子邮件营销的分类

（1）按照发送信息是否事先经过用户许可，可以将电子邮件营销分为许可电子邮件营销（Permission E-mail Marketing，PEM）和未经许可的电子邮件营销（Unsolicited Commercial E-mail，UCE）。

（2）按照电子邮件地址资源的所有权，可将电子邮件营销分为内部电子邮件营销和外部电子邮件营销。内部电子邮件营销是一个企业或网站利用一定方式获得用户自愿注册的资料来开展的电子邮件营销。外部电子邮件营销，是指利用专业服务商或具有与专业服务商一样可以提供专业服务的机构提供的电子邮件营销服务。企业并不拥有用户的电子邮件地址资料，也无需管理维护这些用户资料。

（3）按照营销计划，可以将电子邮件营销分为临时性的电子邮件营销和长期的电子邮件营销。临时性的电子邮件营销如不定期的产品促销、市场调研、节假日问候和新产品通知等。长期的电子邮件营销通常以企业内部注册会员资料为基础，主要表现为新闻邮件、电子杂志和顾客服务等各种形式的邮件列表。

（4）按照电子邮件营销的功能，可以将电子邮件营销分为顾客关系电子邮件营销、顾客服务电子邮件营销、在线调查电子邮件营销和产品促销电子邮件营销等，即以企业想要实现的营销目的来分类。

（5）按照电子邮件营销的应用方式及是否将电子邮件营销资源用于为其他企业提供服务，可以将电子邮件营销分为经营性电子邮件营销和非经营性电子邮件营销。

4. 电子邮件营销的实施

电子邮件营销的实施过程相对简单，需要注意的是在选择邮件群发对象的过程中要控制好目标客户，并在得到目标客户许可的前提下才发送邮件，避免以垃圾邮件形式发送，以免产生不必要的纠纷和投诉。具体的操作步骤如下：

（1）首先，制订电子邮件营销计划，分析目前所拥有的电子邮件营销资源，优先使用内部资源，在内部资源缺乏的前提下，可尝试收集或购买外部邮件营销资源。目前市面上针对电子邮件营销的资源产业链已经非常成熟。

（2）其次，决定是否利用外部列表投放电子邮件广告，并且要选择合适的外部列表服务商。在选择服务商时，一定要遵循合理合法的原则。

（3）再次，针对内部和外部列表分别设计邮件内容。针对内部列表和外部列表，一定要根据具体情况分开设计邮件内容，以达到营销的最优效果，因为内部列表用户相比于外部列表用户，对邮件内容的营销性可接受程度更高。

（4）从次，根据计划向潜在用户发送电子邮件信息。发送的过程中可以使用邮件的群发系统，以节省操作时间。

（5）最后，对电子邮件营销活动的效果进行分析总结，并根据营销结果撰写详细的邮件营销评估报告。

5. 电子邮件营销的注意事项

（1）不要在未经目标客户允许的情况下发送电子邮件。在没有得到目标客户的许可前提下，强制性地将邮件发送到其邮箱，这已经违背了邮件营销基本原则。这种情况下，很容易降低企业品牌的美誉度，同时目标客户有可能将企业加入黑名单，从而导致潜在客户的流失。一般情况可以采用注册、订阅、促销活动等作为测试目标客户许可的方式。

（2）邮件的内容要注意精挑细选。邮件内容的可读性决定着阅读者是否愿意花费时间去继续阅读，可以说邮件内容的好坏决定着邮件营销的成功与否。邮件的内容非常重要，在设计邮件内容的过程中要考虑其营销性，同时也要兼顾客户是否会对邮件营销内容产生抗拒，一般邮件内容的切入主题可以涉及商品打折和免费服务的相关信息。

（3）及时回复邮件的评论。电子邮件营销的最理想状态是能够获得顾客反馈，在一定程度上表现为进入营销网站的点击率，或者是邮件的回复率。对于邮件接收者的回复，企业或者营销人员一定要及时回复发件人的疑问。当客户已经发送了反馈，如果不及时回复，客户将很有可能流失。

（4）邮件退订说明。所有电子邮件必须包含有关收件人如何退订或修改首选项的清晰说明。每封电子邮件必须包含一个链接，让收件人可以选择退出接收来自发件人的电子邮件。通过点击该链接，收件人将自动从邮件列表中移除其电子邮件地址，并停止接收来自发件人的电子邮件。

模块三　网络调研

市场调研是开展所有营销活动的第一步，也是营销活动中最重要的一步，因为市场调研决定市场信息，市场信息决定市场决策，企业做关键性商业决策必须依据市场调研的结果。随着网络技术的高速发展，市场调研的方法和渠道也在更新升级，企业利用网络技术并借助网络工具开展市场调研越来越普遍，调研的过程也越来越方便，而调研结果更精确有效。

任务一　网络调研的含义

市场调研是指用科学的方法，有目的、系统地搜集、记录、整理和分析市场情况，了解市场的现状及其发展趋势，为企业的决策者制定政策、进行市场预测、做出经营决策、制订计划提供客观、正确的依据。

网络调研（Online Survey）是借助网络工具开展的市场调研，泛指以网络技术为基础，针对特定营销环境收集并分析有关产品和服务的市场数据信息，对所获取的信息科学地评价从而获得市场经营资料的商务过程。网络调研的目的是摸清企业目标市场和营销环境，为经营者细分市场、识别消费者需求和确定营销目标提供相对准确的决策依据，提高企业网络营销的效用和效率。

网络调研的适用范围很广，这一点会随着互联网应用的普及逐渐显示出来。除了网络调研以外，还可以利用互联网进行其他一些网上调查的应用。对于政府机构和社会团体来说，可以开展非营利性的调查研究项目。政府机构和社会团体开展的网络调研工作，可以包括统计调查、市场调查、民意调查和研究项目调查等。互联网作为一种特殊的媒体和信息沟通渠道，非常适合进行各种网上调查活动，网络调研作为需求量最大的调查业务，可以充分发挥互联网的便捷、经济特性，更好、更快地为企业的市场调查提供全面支持。

任务二　网络调研的特点

1. 不受时空限制

互联网是没有时空限制的，这与受区域制约的传统调研方式有很大不同。传统的市场调研往往会受到区域和时间的限制，而网络调研可以全时段进行，同时也不会受到区域的影响。

2. 时效性强

在数字化飞速发展的今天，网络调研较好地解决了所有传统调研方法调研结果都存在时效性这一难题。网络调研的数据来源直接，而且可以事先编制好软件进行处理，所以在一些网上调查中，一旦应答者填写完毕，即可迅速被确认或显示出调查的简要结果。只要点击鼠标，世界任何一个角落的用户都可以加入其中，从用户输入信息到公司接收，不过几秒钟的时间。利用计算机软件整理资料，可以马上得出调研的结果。而被调查者只需要查看结果，就可以知道所有被调查者的观点所占的比例，使用户了解公司此次调研活动，加强参与感，提高满意度，实现信息的全面共享。

3. 操作简单，成本低

在网络上进行市场调研，无论是调查者还是被调查者，只需拥有一台计算机和网络就可以进行。若是采用问卷调研的方法，调查者只要在企业站点上发出电子调查问卷，提供相关的信息，然后利用计算机对访问者反馈回来的信息进行整理和分析。这不仅十分便捷，而且会大大地减少企业市场调研的人力和物力耗费，缩减调研成本。

4. 准确度高

在调查信息的处理上，网络调研省去了额外的编码录入环节，被调查者直接通过互联网将信息以电子格式输入数据库，从而减少了数据录入过程中的遗漏或错误，在自动统计软件配合更为完善的情况下，用很短的时间就能完成标准化的统计分析工作。

5. 互动性强

网络调研的互动性较强，用户参与度相对于传统市场调研高，在网络调研时，被访问者可以及时就问卷相关问题提出自己的看法和建议。这种双向互动的信息沟通方式提高了消费者的参与性和积极性，被访问者有充分的时间进行思考，可以自由地在网上发表自己的看法。

任务三　网络调研的方法

1. 网络问卷调查法

网络问卷调查法在网络调研中应用最为广泛。网络问卷调查法是调查者将其所要获取的信息，设计成调查问卷在网上发布，让访问者通过网络填写问卷并提交的一种调查形式。调查问卷一般包括卷首语、问题指导语、问卷的主体及结束语四个组成部分。其中，卷首语是说明由谁执行此项调查、调查目的和意义。问题指导语即填表说明，用来向受访者解释怎样正确地填写问卷。问卷的主体包括问题和选项，是问卷的核心部分。问题的类型分为封闭型问题、开放型问题和半封闭型问题三类。结束语用来表示对参与者的感谢，或提供一些奖品、优惠券等。网络调查问卷的发布是将设计好的问卷通过一定的方式在网上发布，让被调查者了解并参与调查。

2. 网络讨论法

网络讨论法是互联网上的小组讨论法，它通过新闻组、邮件列表讨论组、论坛或网络实时交谈、网络会议等进行讨论，从而获得资料和信息。网络讨论法实施的一般步骤是：首先，确定要调查的目标市场，识别目标市场中可参与调查的讨论组；其次，准备好需要讨论的话题；再次，登录相应的讨论组发布调查项目，请组内成员参与讨论，发表各自的观点和意见；最后，通过过滤系统发现有用的信息，或发布新的话题深入挖掘信息。网络讨论的结果需要调查者加以总结和分析，对信息收集和数据处理的模式设计要求很高，难度较大。

3. 网络观察法

网络观察法，即实地调查法在互联网上的应用，是一种对网站的访问情况和消费者的网络行为进行观察和监测的调查方法。

网络观察法具有直接性、情境性与及时性等优点，但也存在一些弊端。首先，该方法只能反映客观事实的发生过程，而不能说明其原因；然后，观察者在某种程度上会影响被观察者，难免使调查结果带有主观性和片面性；最后，调查时间较长、费用偏高。

4. 网络文献法

网络文献法是利用互联网收集二手数据的调研方法，也称为网络文献调研。网络文献搜索主要借助搜索引擎、网络社区、新闻组和电子邮件等途径实现。

任务四　网络调研的实施

网络调研应遵循一定的程序，以防止盲目调查，以致降低调查的效率并影响调查结果。一般而言，网络调研的实施包括五个步骤：确定目标、设计调研方案、收集信息、整理和分析信息以及撰写调研报告，如图 5-11 所示。

图 5-11　网络调研流程

1. 确定目标

虽然网络调研的每一步都很重要的，但是调研问题的界定和调研目标的确定是最重要的一步。只有清楚地定义了网络调研的问题，确立了调研目标，才能正确地设计和实施调研方案。网络调研对象主要包括企业产品的消费者、企业的竞争者、普通网民、企业所在行业的管理者和行业研究机构。

2. 设计调研方案

设计调研方案首先要设计完整的框架，结合所调研主题以及调研对象的具体情况来设计方案，其内容可以包括确定资料来源、调查方法、调查手段和接触方式。每一个部分都非常重要。

3. 收集信息

在确定调研方案后，市场调研人员即可通过电子邮箱向互联网上的个人主页、新闻组或者邮箱清单发出相关查询请求。与传统的调研方法相比，网络调研收集和录入信息更方便、快捷。

4. 整理和分析信息

收集得来的信息本身并没有太大意义，信息只有经过整理和分析后才变得有效。整理和分析信息是非常关键的步骤，在这个过程中需要使用科学的数据分析技术，如交叉列表分析技术、概况技术、综合指标分析和动态分析等。目前国际上较为通用的分析软件有 SPSS（Statistical Product and Service Solutions，统计产品与服务解决方案）软件、SAS（Statistical Analysis System，统计分析系统）、BMDP（Bio Medical Data Processing）软件、Minitab 软件和电子表格软件。

5. 撰写调研报告

撰写调研报告是整个调研活动的最后一个重要阶段。报告不能是数据和资料的简单堆积，调查人员不能把大量的数字和复杂的统计技术扔到管理人员面前。正确的做法是把与市场营销决策有关的主要调查结果罗列出来。

知识小结

（1）网络营销（On-line Marketing 或 E-Marketing）是以现代营销理论为基础，借助网络、通信和数字媒体技术实现营销目标的商务活动。网络营销是企业整体营销战略的一个组成部分，是科技进步、顾客价值变革、市场竞争等综合因素促成的，是信息化社会的必然产物。

（2）网络广告是指广告主利用一些受众密集或有特征的网站投放以图片、文字或者与网站内容相结合的方式传播自身的商业信息，并放置链接到需要营销的网页，达到告知、劝说和提醒的目的。狭义的网络广告是指在互联网上传播的商业广告；广义的网络广告是指在互联网上传播的所有广告信息。

（3）搜索引擎营销（Search Engine Marketing，SEM）是利用搜索引擎作为工具，在互联网及移动互联网平台中将营销信息传递给目标客户的营销方式。在这种模式下，营销是基于搜索引擎平台，通过一整套的技术和策略系统，利用人们对搜索引擎的依赖和使用习惯，在人们检索信息的时候尽可能完成营销的过程。

（4）关键词广告是付费搜索引擎营销的一种模式，也称为搜索引擎广告、付费搜索引擎关键词广告等，是当用户利用某一关键词进行检索时，在检索结果页面会出现与该关键词相关的广告内容的一种搜索引擎营销手段。

（5）关键词竞价排名是一种按效果付费的网络推广方式，即按照付费最高者排名靠前的原则，对购买同一关键词的网站进行排名的一种搜索引擎营销方式。

（6）搜索引擎登录通常是指搜索引擎给用户提供收录该用户网址的入口，用户可根据相关要求输入网站地址等信息，搜索引擎会收录该网址，而被收录的网站将更优先和准确地展示到搜索结果中，这也是搜索引擎营销中用户最具有主动性的营销模式。

（7）搜索引擎优化（Search Engine Optimization，SEO）是一种利用搜索引擎的规则提升网站在有关搜索引擎内的自然排名，从而提高网站有效访问量的营销方式。

（8）电子邮件营销（Email Direct Marketing，EDM）是在用户事先许可的前提下，通过电子邮件的方式向目标用户传递价值信息的一种网络营销手段。电子邮件营销有三个基本因素：用户许可、电子邮件传递信息、信息对用户有价值。

（9）网络调研（Online Survey）是借助网络工具开展的市场调研，泛指以网络技术为基础，针对特定营销环境收集并分析有关产品和服务的市场数据信息，对所获取的信息科学地评价从而获得市场经营资料的商务过程。

知识巩固

一、名词解释

网络营销　　网络广告　　搜索引擎营销　　电子邮件营销　　网络调研

二、单项选择题

1．网络营销的核心是（　　）。

A．网络　B．营销　C．沟通　D．推广

2．（　）不属于网络营销的特点。

A．公平性　B．虚拟性　C．有效性　D．对称性

3．1997 年以前属于网络营销（　）。

A．萌芽期阶段　B．传奇阶段　C．发展阶段　D．移动社交阶段

4．（　）不属于网络营销的趋势。

A．个性化营销　B．大数据实现精准营销

C．病毒营销　D．差异化营销实现品牌价值

5．（　）不属于网络广告的特点。

A．交互性强　B．统计便利　C．性价比高　D．操作简单

6．在访问页面的过程中突然弹出的广告是（　）。

A．按钮广告　B．Banner 广告　C．弹出广告　D．视频广告

7．（　）的营销成本最低。

A．文字链接广告　B．按钮广告　C．弹出广告　D．视频广告

8．不属于搜索引擎营销特征的是（　）。

A．操作简便　B．精准度高　C．使用广泛　D．成本低廉

9．（　）不属于搜索引擎营销模式。

A．关键词广告　B．关键词优化

C．搜索引擎登录　D．关键词竞价排名

10．临时性的电子邮件营销以（　）为主题。

A．产品促销　B．市场调研

C．调查报告　D．节假日问候

三、多项选择题

1．网络营销的发展阶段包括（　）。

A．传奇阶段　B．萌芽阶段

C．应用和发展阶段　D．社交移动化阶段

2．网络营销的方式包括（　）。

A．网络广告营销　B．搜索引擎营销

C．电子邮件营销　D．网络调研

3．属于网络广告的有（　）。

A．Banner 广告　B．弹出广告

C．视频广告　D．按钮广告

4．网络调研的特点包括（　）。

A．不受时空限制　B．时效性强

C．成本低　D．精准度高

5．网络调研的方法包括（　）。

A．问卷调查法　B．直接访问法

C．网络讨论法　D．网络观察法

四、简答题

1. 简述网络营销相较于传统营销的优势。
2. 简述网络营销的形式。
3. 简述网络调研的步骤。

实战演练

实战任务一　分析研究新浪门户网站，并根据新浪门户网站所提供的网络广告营销渠道设计一份某汽车品牌厂商的网络广告营销推广方案。

实战任务二　注册成为百度网站会员，并利用百度搜索引擎的营销功能，撰写一篇某英语培训中心的搜索引擎营销方案书。

实战任务三　打开问卷星主页，注册成为该网站的会员，利用问卷星撰写一篇关于大学生消费情况的网络调研问卷。

学习情境六　移动电子商务

学习目标

- 掌握移动电子商务的概念及特点。
- 了解国内外移动电子商务的兴起及发展过程。
- 了解移动电子商务的应用实例。
- 了解移动电子商务的发展趋势。

案例导入

2016 年 3 月 29 日，在杭州召开的 2016 年度淘宝卖家人会上，淘宝网副总裁张勤和手机淘宝负责人蒋凡分别做了演讲，主题围绕 2016 年淘宝和手机淘宝的工作重点展开。张勤说，淘宝会联合商家在年轻化、生活化、内容社区化三个大方向来做；蒋凡则表示，手机淘宝要重点做蚁族电商内容化和社区化。阿里巴巴集团首席执行官张勇则表示，今天淘宝已经是一个无线化的淘宝，淘宝的无线化已经完成，消费者也已经完全迁移到无线上。

模块一　认识移动电子商务

任务一　移动电子商务的定义

移动电子商务（M-Electronic Commerce）由电子商务（E-Commerce）的概念衍生而来，是近几年随着无线移动通信技术发展而新兴起来的新型商务模式。移动电子商务利用无线通信技术和移动互联网进行数据传递，通过智能手机、平板电脑和笔记本电脑等移动设备与企业电子商务平台网连接来完成商务交易过程的新型商务模式①。

任务二　移动电子商务的特点

1. 方便

移动终端既是一个移动通信工具，又是一个移动 POS 机，一个移动的银行自动柜员机。用户可在任何时间、任何地点进行电子商务交易和办理银行业务，包括支付。

2. 安全

使用手机银行业务的客户可更换为大容量的 SIM 卡，使用银行可靠的密钥，对信息进行加密，传输过程全部使用密文，确保信息安全可靠。

3. 不受时空控制

移动商务是电子商务从有线通信到无线通信、从固定地点的商务形式到随时随地的商务

---

① 刘玉军，杨晔．我国移动电子商务运营模式分析与发展对策研究[J]．情报科学，2014，32（04）：122-125.

形式的延伸，其最大优势就是移动用户可随时随地获取所需的服务、应用、信息和娱乐。用户可以在自己方便的时候，使用智能手机或平板电脑查找、选择及购买商品或其他服务。

4. 开放性和包容性

移动电子商务因为接入方式无线化，使得任何人都更容易进入网络世界，从而使网络范围延伸更广阔、更开放；同时，使网络虚拟功能更带有现实性，因而更具有包容性。

5. 潜在用户规模大

工信部发布的数据显示，2017 年 10 月末，移动、联通、电信三家基础电信企业的移动电话用户总数为 14.03 亿户，是全球之最。显然，从电脑和移动电话的普及程度来看，移动电话远远超过了电脑。由此不难看出，以移动电话为载体的移动电子商务在用户规模上明显优于传统的电子商务。

6. 易于推广使用

移动通信所具有的灵活、便捷的特点，决定了移动电子商务更适合大众化的个人消费领域，如自动支付系统，包括自动售货机、停车场计时器等；半自动支付系统，包括商店的收银柜机、出租车计费器等；日常费用收缴系统，包括水、电、煤气等费用的收缴等；移动互联网接入支付系统，包括登录商家的 WAP（Wireless Application Protocol，无线应用协议）站点购物等。

7. 迅速灵活

用户可根据需要灵活选择访问和支付方法，并设置个性化的信息格式。电子商务服务选择越多，提供的服务形式越简单，将会看到移动电子商务越快发展起来。但是，移动电子商务要想像基于互联网的电子商务一样“飞入寻常百姓家”，可能还需要三年左右的时间。

任务三　移动电子商务发展现状

1. 全球移动电子商务发展现状

根据 IAB（The Interactive Advertising Bureau，美国互动广告局）在 2016 年 12 月发布的报告《全球移动电子商务景观》显示，在移动设备上购买商品已经成为一种很普遍的行为。平均而言，全球 75%的移动互联网用户过去 6 个月在移动设备上购买过商品或服务；在移动设备上购买过商品的消费者表示，1/3 的消费支出是在移动设备上实现的；移动购物已经成为一种习惯，近 1/4 的消费者每周都在移动设备上消费，尤其是亚太地区的消费者；虽然有成熟的核心移动消费者，但是移动购物市场还在发展，43%的消费者最近才开始使用移动电子商务，奥地利、秘鲁和哥伦比亚的新增移动电子商务消费者数量最多①。

2. 国内移动电子商务发展现状

2013—2014 年，随着移动互联网的发展和智能手机的普及，国内移动电子商务进入风口期，新一轮移动端网民红利带动许多新兴移动电商发展。2015 年移动交易规模占比超过 PC（Personal Computer，个人计算机）端，标志移动电子商务时代正式到来。

2016 年，中国电子商务市场交易规模达 20.2 万亿元，同比增长 23.2%，中国电子商务市场继续稳步发展。2012—2018 年中国电子商务市场交易规模如图 6-1 所示。

---

① IAB. 2017 年全球移动电子商务景观报告[EB/OL]. [2017-09-01]. http://www.199it.com/archives/605991.html.

来源：综合企业财报及专家访谈，根据艾瑞统计模型核算。

图 6-1　2012—2018 年中国电子商务市场交易规模

2016 年中国移动网络购物在整体网络购物交易规模中占比达到 68.2%，比去年增长 22.8 个百分点，移动端已超过 PC 端成为网购市场更主要的消费场景；与此同时，2016 年中国网络购物市场前 10 名企业移动端用户增速远超 PC 端，移动端用户增速达 27.1%，PC 端仅增长 9.6%。2012—2018 年中国网络购物交易额 PC 端和移动端占比如图 6-2 所示。

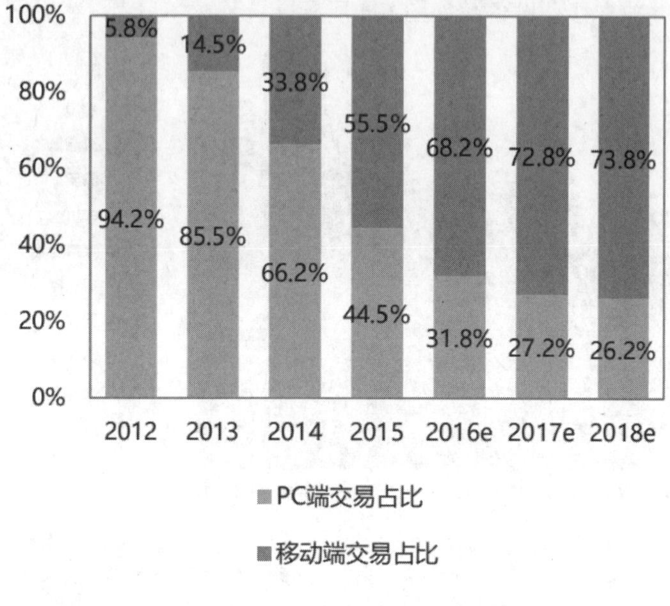

来源：综合企业财报及专家访谈，根据艾瑞统计模型核算。

图 6-2　2012—2018 年中国网络购物交易额 PC 端和移动端占比

2016 年移动购物市场交易规模为 3.3 万亿元，同比增长 57.9%，增速放缓，首次低于 100%。移动购物市场进入平稳发展期。2012—2018 年中国移动购物市场交易规模如图 6-3 所示。

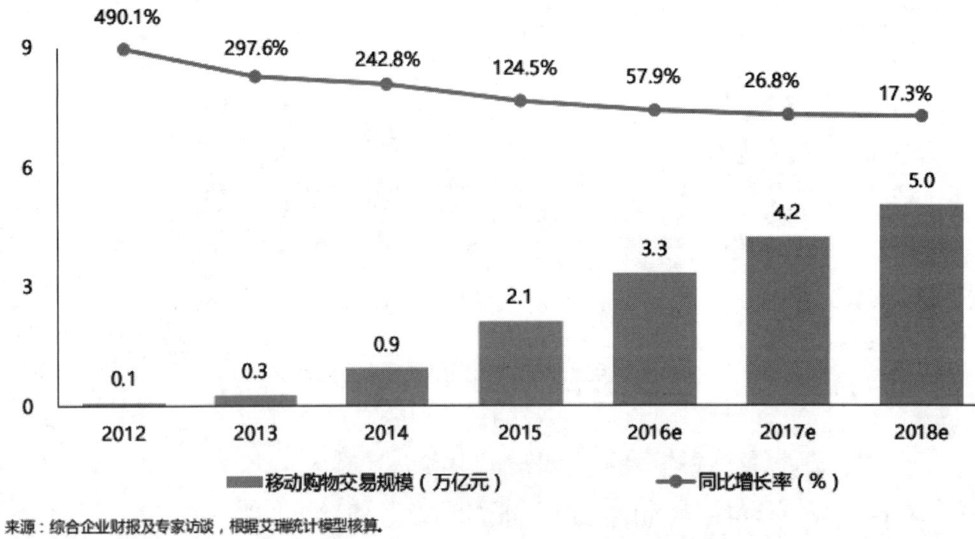

图 6-3 2012—2018 年中国移动购物市场交易规模

2016 年手机淘宝月度独立移动设备数最多，遥遥领先于其他电子商务网站；京东次之，唯品会紧随其后，传统电商巨头优势依旧。此外，依靠移动电子商务红利发展起来的新兴平台发展迅速，如闲鱼、贝贝网，月度独立移动设备数均保持比较强劲的增势。mUserTracker 2016 年主要电商企业月度独立移动设备数如图 6-4 所示。

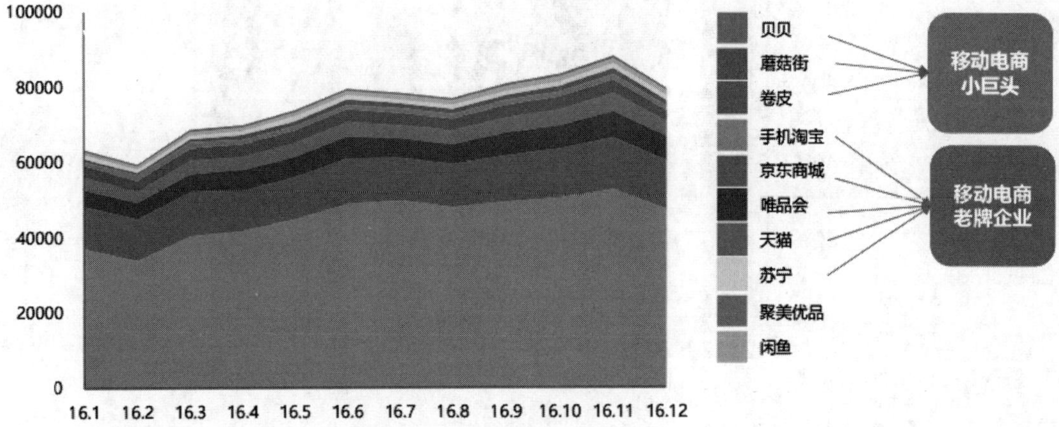

图 6-4 mUserTracker 2016 年主要电商企业月度独立移动设备数

随着移动互联网的发展，移动购物市场也在不断扩张。随着移动设备的升级，许多新功能得到开发，也带来了消费模式的变化。PC 网购设备和移动网购设备的区别如图 6-5 所示。

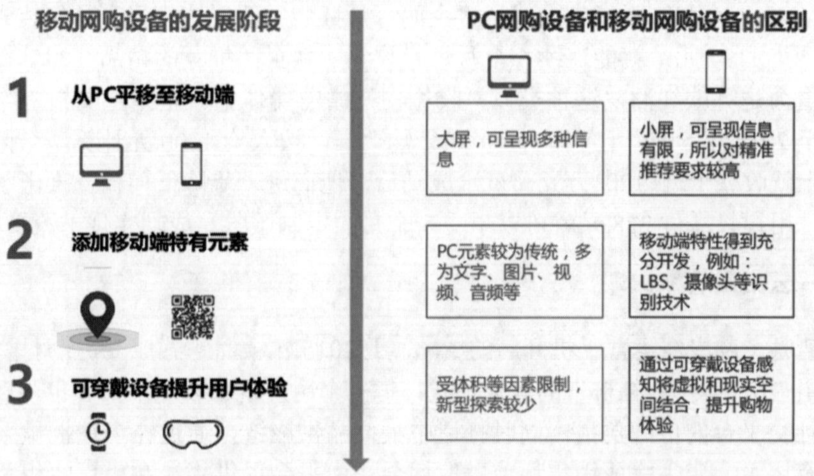

图 6-5　PC 网购设备和移动网购设备的区别

模块二　移动电子商务的行业应用

任务一　企鹅吃喝玩乐①

作为国内最优质的美食类自媒体之一，企鹅吃喝指南拥有极强的变现能力，目前月流水达到了百万量级，旗下企鹅社群——企鹅团也一直保持着很高的活跃度。

与其他做推荐的美食公众号不同，企鹅吃喝指南有一套独一无二的评测法则。他们像写论文一样写评测，最著名的文章是那篇《300 包薯片，我们吃完了！这是你们想要的结果》，阅读量超过百万。“其实我们在做的事情就是为非标品建立一个标准。”企鹅吃喝指南的首席执行官王志伟说，他毕业于复旦大学材料学专业，是个典型的工科男。在他看来，吃喝类的内容光讲情怀是不够的，需要用数据和定性、定量的标准去支撑才有意思。

带着这种和食物“死磕到底”的精神，在过去近两年里，企鹅吃喝指南写了 300 多篇文章，拍了 100 多个视频，在微信平台累积了 52 万、全网 110 万粉丝。越来越多的人通过企鹅吃喝指南找到了自己喜欢的东西。

为了把世界各地的好东西真正带到粉丝面前，光靠内容推荐还不够。2015 年 9 月，企鹅吃喝指南用有赞在公众号上搭建了自己的商城“企鹅市集”，开始自己选品，自己卖货。目前，商品种类已经从葡萄酒扩展到了葡萄酒、零食、咖啡和啤酒四个大类。目前 SKU（Stock Keeping Unit，库存量单位）约 200 个，客单价 200 元左右，月订单额超过 200 万。其中零食销售份额占 40%，销量最高的爆款薯片为评测爆文《300 包薯片，我们吃完了！这是你们要的结果》所推荐，短短两周就卖了一万包。当你拿到产品，你会发现，每样产品都配上了一看就会的使用指南，比如，葡萄酒的饮用建议、咖啡的冲泡指南、麦片的食谱等，让你用得更方便、更容易。

---

① 拉技术. 美食届 papi 酱获 300 万美金 A 轮融资，“企鹅吃喝指南”如何圈住吃货的心？[EB/OL]. https://baijiahao.baidu.com/s?id=1571184407039000&wfr=spider&for=pc, 2017.

2017 年年初，企鹅吃喝指南上线了“企鹅每月订购”新玩法，将产品包装成“福袋”卖给粉丝。会员花 1194 元，就能连续 6 个月每月收到一款企鹅推荐的精品红酒。在收货之前，大家并不知道会是哪款红酒，这种类似“收礼物”的消费体验让企鹅吃喝指南收获了一批忠实粉丝。截至 2016 年 5 月，已有 1000 多名订购会员，按人均 1200 元计算，企鹅吃喝指南光在这个项目上就收获了近 120 万元。试水成功后，他们进一步降低门槛，推出了可以单月付款的尝鲜版，用户只需付 228 元就可以享受一个月的定制服务，成功实现了流量的变现。

任务二 云集微店①

云集微店是一款专注运营手机开店的 App，于 2015 年 4 月正式成立，5 月平台正式上线。云集微店采用“中央厨房+社群”的商业模式，每一个用户既可以是消费者也可以是店主。云集微店利用社交平台的口碑传播，同时打造中央商品供应链，通过在全球批量采购商品，无偿共享给所有店主。店主完成销售环节赚取佣金，由平台提供物流和售后的相关保障。凭借其高效的供应链管理和便利的一站式服务，云集微店成为了移动电商界的一匹黑马。

2015 年 5 月，云集微店平台正式上线。在短短两年之后，云集微店月销售额已经突破 5 亿元，店主数量达到 150 万人，日订单量增长到 30 万，日发包裹量已达 30 万件，覆盖全国 31 个省、市、自治区。从供应商层面来说，平台供应商已达 500 余家，入驻品牌 1800 多家。另外，在 2016 年 12 月，云集微店获得当年社交电商领域最大的一笔 A 轮融资 2.28 亿元，良好的经营业绩和巨大的投资额无疑将大大提升其在业界的影响力，使云集微店关注度持续上升。

在商品的选择上，云集微店采用买手精选模式，百人以上的买手团队，在国际知名品牌或是质量过硬但知者寥寥的分支品类中精心挑选，每一个 SKU 都亲自试用无误后方可上架。这样不仅提升了用户体验，还降低了退换货比率，节约了物流成本。与此同时，云集微店每天一款特价商品，每周品牌团活动，每月一次节日促销活动，让消费者在享受品质的同时，付出最少。相比于淘宝、天猫，云集微店在商品的品类上虽不及它们丰富，但是上架商品都由买手决定，产品的质量由平台掌控，有效地减少了产品质量问题。云集微店百度指数（截至 2018 年 3 月）如图 6-6 所示。

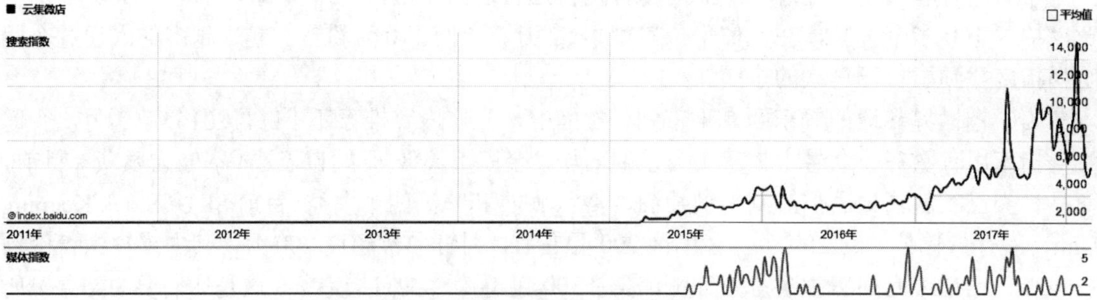

图 6-6 云集微店百度指数（截至 2018 年 3 月）

云集微店所有商品由中国人民财产保险股份有限公司（简称“中国人保”）承保，30 天无

① 中泰证券研究所. 云集微店：月销破 5 亿移动电商黑马[EB/OL]. http：//b2b.toocle.com/detail--6397825.html, 2017.

理由退货退款。与传统微商相比，云集微店通过与众多品牌合作商或一级代理商建立正规的供销渠道，保证正品的同时，为整个平台的商品投保了中国人保的正品保险，承诺买到假货可以保险理赔。同时，在 30 天之内，买家因不满意申请退货，云集微店无任何异议。

云集微店商品都是由品牌方、全国总代理以及专柜等直供。目前，云集微店与许多国内外优秀供应商签定了合作协议，SKU 达到 5000 多个。所有的货源几乎是一手货源，没有中间商层层加价，价格比其他渠道低很多。同时，云集微店通过规模化的采购和集中式的运作同步缩减人工管理费用和中间渠道成本，这使得有更多的赢利空间可以分享到平台上开店的店主，从而受到越来越多创业者的青睐。云集微店合作品牌如图 6-7 所示。

图 6-7　云集微店合作品牌

云集微店由江浙沪有名的渠道商小也投资，小也的创始人是肖尚略，作为中欧商学院的 EMBA（高级管理人员工商管理硕士），肖尚略此前有 14 年的电商行业创业经验，早在 2003 年就创办了知名美妆电商品牌小也香水。如今小也科技更是日销售出单超过 8000 笔，服务会员客户 400 万人，年收入超过 6 亿元。在过去的十多年里，小也积累了丰富的供应商资源，如迪奥、巴宝莉、菲拉格慕等中高端品牌。因此，云集微店能快速而低成本地取得一线品牌的直供权，对上游供应商的议价能力，绝非代购或者传统微商能比。

云集微店采用中央仓储物流系统，在全国拥有 9 大仓储中心，仓储总面积达 25000 平方米。与京东 7 大仓储物流中心相比，除了覆盖华北、华南、华东等一二线城市，云集微店不仅在香港设立了直邮仓，保证了跨境贸易的效率，还计划在乌鲁木齐等偏远地区设立仓储中心，节约中西部地区的配送时间。资料显示，云集微店 20%的包裹发到县级以下单位，而前五名的省市分别是湖南、广东、新疆、江苏和陕西，其中 3 个属于中西部地区。相对于自建物流体系的京东，云集微店借助第三方物流平台，轻资产运作，库存周转天数平均为 30 天，而京东为 32 天，这体现了其强大的仓储配送效率。

与其他电商企业相比，云集微店的物流服务商较少，只有亚马逊物流+、顺丰、心怡和全球邮政特快专递业务（EMS），但都是服务质量在业内获得好评的企业。供应商数量较少，有利于集中订单达成规模效应，以较大规模换取议价能力，从而获得较低价格的优质服务，最终实现对物流服务较佳质量和较低成本的兼顾。

客服团队上，云集微店经过统一培训，为卖家提供几百名专属客服团队，从售前、售中、售后等环节全程跟进，用户可绕开卖家直接找平台客服解决。同时，云集微店在IT（Information Technology，信息科技和产业）方面的投入在2000万以上，为店主提供从交易到支付的用户数据服务；提供很多种不同风格的文案和图片素材；对于店家的销售技能，配有专门导师培训销售技能和商品知识。与传统微商相比，从售前、售中和售后帮助店家提高经营效率，而消费者也能享受更为专业化的服务。

任务三　小小包麻麻①

2017年年底，国内母婴、女性内容创业企业“小小包麻麻”官方宣布，已于当年10月完成1.4亿元人民币B轮融资，由A股主板上市公司、女性领域知名品牌拉芳家化及美股纽交所上市公司、教育行业的标杆企业新东方集团共同投资。该轮融资也是“小小包麻麻”在所谓的“资本寒冬”中，短短15个月内获得的第三笔融资。在此之前，“小小包麻麻”已经在2016年4月获得龙腾资本A轮融资，同年年底又再次获得由头头是道基金领投、A轮投资人龙腾资本与拉芳易简基金跟投的3500万元A+轮融资。

公开融资消息的同时，“小小包麻麻”还宣布将自己的整体品牌形象升级为“百宝新媒体”，由单一的母婴微信公众号“小小包麻麻”拓展为新媒体矩阵，矩阵内涵盖了母婴、女性领域的十多个顶级自媒体公众号。

目前，“小小包麻麻”微信公众号粉丝超过500万，相比2016年增长近一倍。而更令人吃惊的是，“百宝新媒体”在团队作战的概念下，已经涌现出了像“Michael钱儿频道”“说说咱家娃”“宝宝营养辅食”“小楼老师心理课”这样各自领域中的“大号”甚至“超级大V”，全矩阵“粉丝”量超过1000万人。

在微信领域，“小小包麻麻”几乎是最早通过电商实现规模化商业运营的公众号之一，也是内容电商这一概念的成功典范。目前，整个“百宝新媒体”的电商业务月流水已达7000万元，今年“双十一”期间的销售额超过3000万。相比很多内容电商采用的供应商代发模式，“百宝新媒体”为提升客户满意度，采取了更“重”的自营电商模式。团队中的电商业务部门超过一百五十人，第二、第三座自营仓也正在建设当中。

在“百宝新媒体”人的眼中，其自身最大的优势是品牌的“冷启动”能力。其矩阵中有多位为读者“姐妹们”选好品的专家，有上千万的粉丝群体。在全球选品的基础上，通过矩阵“大V”齐心协力地推广和数万妈妈群的推介，让一款又一款国内无人知晓的全新品牌、好的产品迅速在国内市场打响。这其中“百宝新媒体”矩阵自身的销售只是一部分，这些品牌全面启动后会在线上线下全平台销售，最终的大部分销量可能来自于更多的渠道。

“小小包麻麻”之所以会升级成为“百宝新媒体”，其核心不是电商而是媒体，利用媒体属性向品牌赋能，被赋能品牌的经营者因此大大降低了向平台电商或线下实体所支付的“租

① 网易. B轮融资1.4亿，“小小包麻麻”的“百宝新媒体”之路. [EB/OL]http: //baby.163.com/17/1227/12/D6LNMLAP00367V1P.html, 2017.

金成本”——也就是流量成本。Little Freddie（小皮营养辅食）、Webber Naturals（韦博天然保健品）、Stephen Joseph（小史蒂芬）等非常多的品牌，都是“百宝新媒体”矩阵品牌冷启动的成功案例。而在获得新一轮轮投资后，两家新晋投资人自身的资源能力，如拉芳家化在女性市场的多年积累、线下零售渠道的丰厚经验，新东方遍布全国的幼教生源渠道、外文教育版权资源等，无疑都将给“百宝新媒体”下一步的发展带来更多可能性。

模块三　移动电子商务的发展

任务一　线上线下融合

移动电子商务时代，消费者的需求和网购发展环境均有较大改变，用户希望随时随地精准购买到所需的商品和服务；另一方面由于商品供大于求，单一渠道发展的增量空间有限，线上和线下均在布局全渠道发展。线下消费体验和线上购物便利的双向需求将带来线上和线下购物期望值的融合，未来线上线下融合是新零售时代的重要发展趋势。线上线下融合的原因如图 6-8 所示。

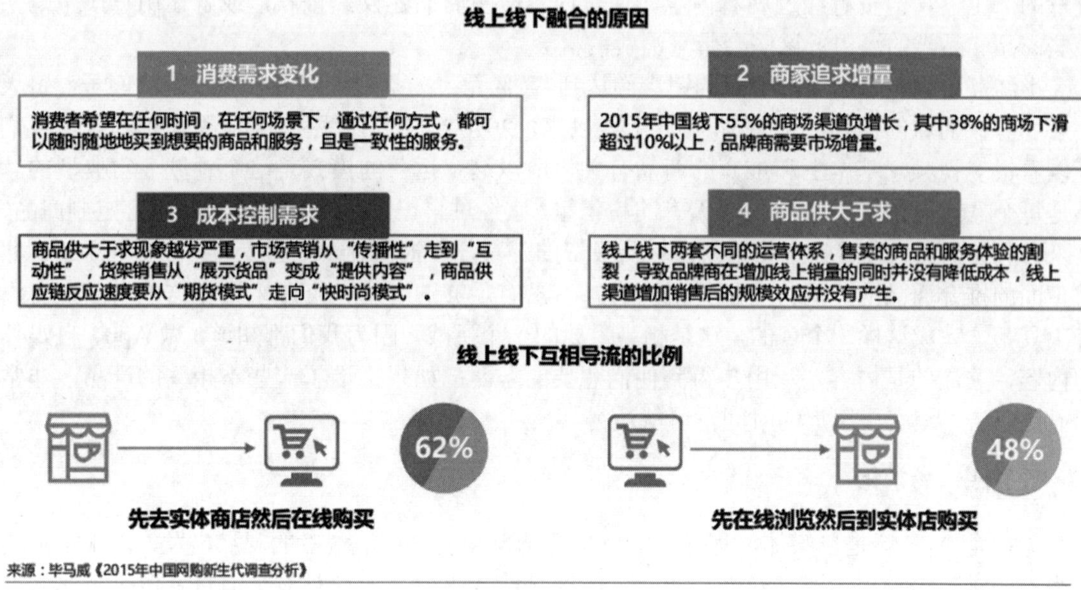

图 6-8　线上线下融合的原因

任务二　社交化分享

与传统电子商务企业通过一个平台聚集所有商家和流量的中心化模式不同，去中心化的电子商务模式是以微博、微信等移动社交平台为依托，通过自媒体的粉丝经济模式的分享传播来获取用户，消费者的购买需求会在人们碎片化的社交场景中被随时激发。例如贝贝网开设红人街频道，融合了社交、内容及直播等新型营销方式，达人分享服饰搭配并通过与粉丝的互动引导用户消费。从图 6-9 可看出社交化网购发展成趋势。

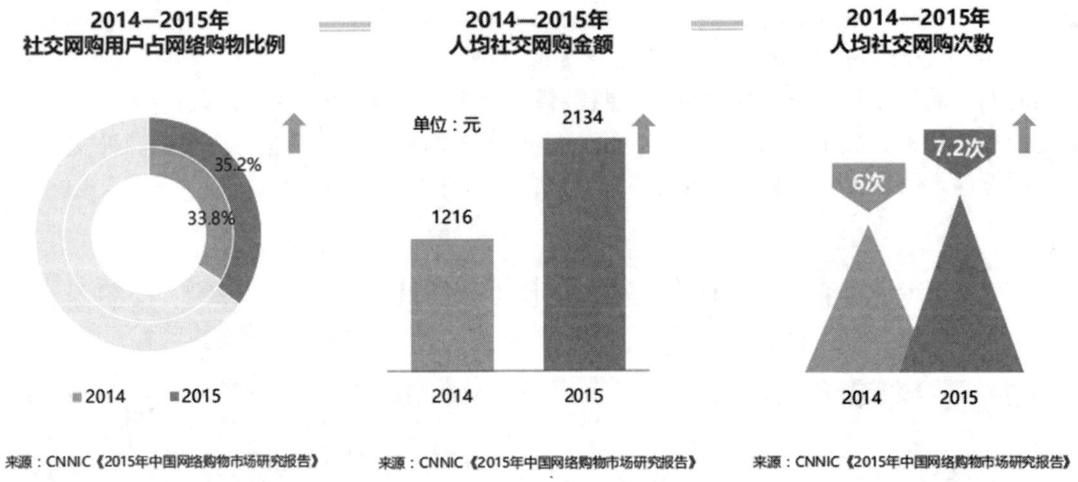

图 6-9 社交化网购发展成趋势

任务三 内容化

移动电子商务时代，消费路径和习惯发生了很大的变革，优质的内容其实就是最强大的流量的产生器，消费者经过观看内容，通过内容产生商品建议、推荐，或者让用户产生购买某些商品、品类的渴望，这些会带来消费的机会[1]。

小红书是最好的例子，半年的销售额达到 7 亿元；一条视频也是一个很好的例子，每天一条 3 分钟的原创视频，从 2014 年底上线以来，2016 年 3 月产生了 1400 万微信粉丝，我们可以看很多视频，基本上和推介的商品有关，所以这个运营的模式是这个领域非常典型的。不是每个 App 都有像一条视频今天有的粉丝量，它经过自己的力量针对每天的内容定制商品，这未必容易，我们会看到一些创新工场所投资的工具，可能会对一些起步的 App、电商起到非常正面的推介商品的作用。有很好的内容，有没有足够的时间、资源来运作这些商品，有没有工具帮忙完成这样一个目的，这是相当重要的一个挑战，因为我们都知道，做 App、自媒体的内容，关注的是内容，让用户得到他们想要的东西；如果推送了一些不相关的产品，非常明显是广告，浪费了用户的时间，可能适得其反。

任务四 场景化

无论是 App 还是自媒体，都应该能够构造场景，能够从消费者的观点出发，能根据消费者当下的场景需求提供有针对性、有意义的产品或者服务，或者是对于消费者做一个非常好的洞察，然后做细分，这样才能够将电子商务的运营从流量的运营转变成人群的运营，实现从经验的运营到数据化方面的运营和决策。这里面有一些例子可以参考，比如“淘世界”，直接淘宝，解决了信任的问题，并且也推送了适当的内容给有需求的用户，客单价超过 1000 元。“下厨房”第一次尝试电子商务，在内容方面做了松下的面包机还有电饭煲，都是在非常短的时间卖断了整个品牌的库存。人群找对了，推送产品找对了，买卖相关度大了，就可以产生巨大的销售量。

---

① http：//tech.sina.com.cn/i/2016-03-18/doc-ifxqnski7732697.shtml

任务五 粉丝化

随着社交媒体的发展，消费者其实非常希望关注意见领袖，并且和他们产生互动。意见领袖推销商品的能力非常强大。可以看到，业界最典型的例子是罗辑思维，罗辑思维微信粉丝达600万，但是这600万粉丝也是罗振宇的粉丝，他推荐的书籍、货品会得到粉丝的认可。

对于一些网红来说，她们并不关心卖的衣服怎么设计的、由哪个设计师设计，网红对于她们推销的商品其实只是基于自己的信誉度，她们只要说好，她们的粉丝基本就是盲目地购买，基本是我信你，我追随你，你推荐什么我一定会买。这不代表网红推荐的产品不好，因为她们也非常珍惜她们的粉丝对她们的认可和喜爱，当然她们也会做好对这些商品的选择。

知识小结

（1）移动电子商务（M-Electronic Commerce）由电子商务（E-Commerce）的概念衍生而来，是近几年随着无线移动通信技术发展而新兴起来的新型商务模式。

（2）移动电子商务拥有方便、安全、不受时空控制、开放性和包容性、潜在用户规模大、易于推广使用、迅速灵活等特点。

（3）根据IAB在2016年12月发布的报告《全球移动电子商务景观》显示，在移动设备上购买商品已经成为一种很普遍的行为。2013—2014年，随着移动互联网的发展和智能手机的普及，国内移动电子商务进入风口期，新一轮移动端网民红利带动许多新兴移动电商发展。2015年移动交易规模占比超过PC端，标志移动电子商务时代正式到来。

（4）移动电子商务时代，消费者的需求和网购发展环境均有较大改变，用户希望随时随地精准购买到所需的商品和服务；另一方面由于商品供大于求，单一渠道发展的增量空间有限，线上和线下均在布局全渠道发展。线下消费体验和线上购物便利的双向需求将带来线上和线下购物期望值的融合，未来线上线下融合是新零售时代的重要发展趋势。

（5）移动电子商务模式是以微博、微信等移动社交平台为依托，通过自媒体的粉丝经济模式的分享传播来获取用户，消费者的购买需求会在人们碎片化的社交场景中被随时激发。

（6）移动电子商务时代，消费路径和习惯发生了很大的变革，优质的内容其实就是最强大的流量的产生器，消费者经过观看内容，通过内容产生商品建议、推荐，或者让用户产生购买某些商品、品类的渴望，这些会带来消费的机会。

（7）无论是App还是自媒体，都应该能够构造场景，能够从消费者的观点出发，能根据消费者当下的场景需求提供有针对性、有意义的产品或者服务，或者是对于消费者做一个非常好的洞察，然后做细分，这样才能够将电子商务的运营从流量的运营转变成人群的运营，实现从经验的运营到数据化方面的运营和决策。

（8）移动电子商务时代，消费者其实非常希望关注意见领袖，并且和他们产生互动。意见领袖推销商品的能力非常强大。

知识巩固

一、名词解释

移动电子商务　　线上线下融合　　云集微店　　粉丝经济

二、单项选择题

1．下列行为不属于移动应用的是（　　）。

A．使用蓝牙耳机拨打电话

B．用台式电脑在家上网下载程序

C．用笔记本电脑在火车上看电子小说

D．用手机在室外上网收发邮件

2．移动商务从本质上归属于（　　）的类别。

A．电子商务　　B．通信技术

C．无线通讯　　D．网络技术

3．截至 2017 年 10 月末，移动、联通、电信三家基础电信企业的移动电话用户总数为（　　）亿户，为全球之最。

A．12.21　　B．13.13　　C．14.03　　D．15.07

4．下列知名移动电子商务企业中，（　　）不是 PC 时代的主流电子商务企业。

A．淘宝　　B．京东　　C．唯品会　　D．云集微店

三、多项选择题

1．移动电子商务的特点有（　　）。

A．方便　　B．安全

C．迅速灵活　　D．潜在用户规模小

2．移动电子商务发展的趋势有（　　）。

A．内容化　　B．场景化

C．社交化　　D．粉丝化

3．下列属于微店模式特点的有（　　）。

A．为买卖双方进行网上交易提供信息交流平台

B．为买卖双方进行网上交易提供一系列配套服务

C．用户数量多，身份复杂

D．交易次数少，但成交额较大

四、简答题

1．简述国内移动电子商务发展现状。

2．简述云集微店发展模式。

3．简述移动电子商务未来发展趋势。

实战演练

实战任务一　下载云集微店 App，完成店铺的注册、装修、上货，并成功在平台上完成第一笔交易。

实战任务二　分析云集微店、小小宝麻麻、手机淘宝这三大移动电子商务应用在商业模式方面的差异。

学习情境七　跨境电子商务

学习目标

- 理解跨境电子商务的概念、特点。
- 了解跨境电子商务的主要模式。
- 掌握跨境电子商务支付、物流和营销方式。
- 了解主要的跨境电子商务平台。
- 了解跨境电子商务的产生和发展。

案例导入

在中国跨境电子商务卖家圈，大家都把安克创新当成一个成功卖家典范。安克创新财报中披露，2017 年国外销售额达 38.15 亿元，占整体营收的 97.52%；国内营收 9705 万元，同比增长 154.60%。

安克创新致力于在全球市场塑造中国消费电子品牌，通过不断创新，将富有科技魅力的领先产品带向全球消费者。其从跨境电子商务渠道切入，自 2015 年开始，启动中东、澳洲、南美洲、非洲、东南亚等地区的线下渠道销售，发展至今拥有全球 100 多个国家与地区的 3000 万用户。而子品牌 Anker（图 7-1）的品牌影响力更是深入海外市场，荣获 2018 年 BrandZ™ 中国出海品牌 50 强第 7 名，并以 22%的成长速度当选“成长最快消费电子品牌”。

图 7-1　Anker

模块一　认识跨境电子商务

任务一　跨境电子商务的含义

跨境电子商务是指分属不同关境的交易主体，通过电子商务平台达成交易、进行支付结算，并通过跨境物流送达商品、完成交易的一种国际商业活动。

狭义的跨境电子商务实际上基本等同于跨境零售，是指分属于不同关境的交易主体，借助计算机网络达成交易、进行支付结算，并采用快件、小包等方式通过跨境物流将商品送达消费者手中的交易过程。广义的跨境电子商务基本等同于外贸电子商务，是指分属于不同关境的交易主体，通过电子商务的手段将传统进出口贸易中的展示、洽谈和成交环节电子化，并通过跨境物流送达商品、完成交易的一种国际商业活动。

跨境电子商务主要由跨境电子商务平台、跨境物流公司和跨境支付平台三部分组成，跨境电子商务平台用于进行商品信息的展示、提供在线购物功能，如全球速卖通、亚马逊和 eBay 等；跨境物流公司用于运输和送达跨境包裹，主要有中国邮政、敦豪快递和联合包裹等；跨境支付平台则用于完成交易双方的银行转账、信用卡支付和第三方支付等支付活动。

任务二　跨境电子商务与传统外贸电子商务的区别

目前对跨境电子商务模式的争执，事实上无非是混淆了新型的跨境电子商务和传统的外贸电子商务。跨境电子商务和外贸电子商务有以下几点本质区别。

1. 主体不同

跨境电子商务是通过网络将商品直接销售到海外消费者手中，其主体是商品；传统外贸电子商务则是通过电子商务手段推广宣传企业或商品，从网络寻找外商求购信息，其主体是信息。

2. 环节不同

跨境电子商务基于互联网与其独特的模式，大大减少了交易环节和交易成本；而外贸电子商务的进出口环节则没有变化。

3. 交易方式不同

跨境电子商务的商业活动基本都是在线上直接完成；外贸电子商务则都是在线下完成。

4. 税收不同

外贸电子商务体现的是传统的一般贸易，涉及复杂的关税、增值税及消费税等；而跨境电子商务面临的税收一般要简单很多。

5. 模式不同

跨境电子商务的模式并不局限，既有 B2B 跨境电子商务，又有 B2C、C2C 等跨境电子商务；而外贸电子商务则基本是 B2B 模式。

显然，跨境电子商务的确不等于外贸电子商务，跨境电子商务体现的是一种与传统外贸电子商务有极大不同的新型运行模式；只不过广义的跨境电子商务也包含了外贸电子商务而已。

任务三　跨境电子商务的特征

跨境电子商务是基于网络发展起来的，网络空间相对于物理空间来说是一个新空间，是一个由网址和密码组成的虚拟但客观存在的世界。网络空间独特的价值标准和行为模式深刻地影响着跨境电子商务，使其不同于传统的交易方式而呈现出自己的特点。具体表现为以下几方面。

1. 全球性（Global Forum）

网络是一个没有边界的媒介体，具有全球性和非中心化的特征。依附于网络发生的跨境电子商务也因此具有了全球性和非中心化的特性。电子商务与传统的交易方式相比，其一个重要特点在于电子商务是一种无边界交易，丧失了传统交易所具有的地理因素。互联网用户不需要考虑跨越国界就可以把产品尤其是高附加值产品和服务提交到市场。网络的全球性特征带来的积极影响是信息的最大程度共享，消极影响是用户必须面临因文化、政治和法律的不同而产生的风险。任何人只要具备了一定的技术手段，在任何时候、任何地方都可以让信息进入网络，相互联系进行交易。

2. 无形性（Intangible）

网络的发展使数字化产品和服务的传输盛行。而数字化传输是通过不同类型的媒介，如数据、声音和图像在全球化网络环境中集中进行的，这些媒介在网络中是以计算机数据代码的形式出现的，因而是无形的。以一个电子邮件信息的传输为例，这一信息首先要被服务器分解为数以百万计的数据包，然后按照 TCP/IP 协议通过不同的网络路径传输到一个目的地服务器并重新组织转发给接收人，整个过程都是在网络中瞬间完成的。电子商务是数字化传输活动的一种特殊形式，其无形性的特性使得税务机关很难控制和检查销售商的交易活动，税务机关面对的交易记录都是数据代码形式，使得税务核查员无法准确地计算销售所得和利润，从而给税收带来困难。

3. 匿名性（Anonymous）

由于跨境电子商务的非中心化和全球性的特性，因此很难识别电子商务用户的身份和其所处的地理位置。在线交易的消费者往往不显示自己的真实身份和自己的地理位置，重要的是这丝毫不影响交易的进行，网络的匿名性也允许消费者这样做。在虚拟社会里，隐匿身份的便利迅即导致自由与责任的不对称。人们在这里可以享受最大的自由，却只承担最小的责任，甚至逃避责任。这显然给税务机关制造了麻烦，税务机关无法查明应当纳税的在线交易人的身份和地理位置，也就无法获知纳税人的交易情况和应纳税额，更不要说去审计核实。该部分交易和纳税人在税务机关的视野中隐身了，这对税务机关是致命的。

4. 即时性（Instantaneously）

对于网络而言，传输的速度和地理距离无关。传统交易模式下，信息交流方式如信函、电报、传真等，在信息的发送与接收间，存在着长短不同的时间差。而电子商务中的信息交流，无论实际时空距离远近，一方发送信息与另一方接收信息几乎是同时的，就如同生活中面对面交谈。某些数字化产品（如音像制品、软件等）的交易，还可以即时清结，订货、付款、交货都可以在瞬间完成。

5. 无纸化（Paperless）

电子商务主要采取无纸化操作的方式，这是以电子商务形式进行交易的主要特征。在电子商务中，电子计算机通信记录取代了一系列的纸面交易文件。用户发送或接收电子信息，由于电子信息以比特的形式存在和传送，整个信息发送和接收过程实现了无纸化。无纸化带来的积极影响是使信息传递摆脱了纸张的限制，但由于传统法律的许多规范是以规范“有纸交易”为出发点的，因此，无纸化带来了一定程度上法律的混乱。

6. 快速演进（Rapidly Evolving）

互联网是一个新生事物，现阶段尚处在幼年时期，网络设施和相应的软件协议的未来发展具有很大的不确定性。但税法制定者必须考虑的问题是网络，像其他的新生事物一样，网络也必将以前所未有的速度和无法预知的方式不断演进。基于互联网的电子商务活动也处在瞬息万变的过程中，短短几十年，电子交易经历了从 EDI 到电子商务零售业的兴起的过程，而数字化产品和服务更是推陈出新，不断改变着人类的生活。

模块二 跨境电子商务基础

任务一 跨境电子商务的模式或分类

跨境电子商务形式多种多样，可从多个角度对其分类。

1. 按进出口方向分类

跨境电子商务按进出口方向，可分为进口跨境电子商务和出口跨境电子商务。

进口跨境电子商务是指海外卖家将商品直销给国内买家，一般是国内消费者访问境外商家的购物网站选择商品，然后下单，由境外卖家发国际快递给国内消费者。我国从 2016 年 4 月 8 日起实施跨境电子商务零售进口税收新政策并调整行邮税政策。

出口跨境电子商务是指国内卖家将商品直销给境外买家，一般是国外买家访问国内商家的网店，然后下单购买，并完成支付，由国内商家发国际物流至国外买家。

2. 按交易主体类型分类

跨境电子商务按交易主体类型，分为 B2B 跨境电子商务、B2C 跨境电子商务和 C2C 跨境电子商务。

（1）B2B 跨境电子商务。B2B 跨境电子商务是指分属不同关境的企业对企业，通过电商平台达成交易、进行支付结算，并通过跨境物流送达商品、完成交易的一种国际商业活动。它面对的最终客户为企业或集团客户，提供企业、产品、服务等相关信息。代表企业有敦煌网、中国制造网、阿里巴巴国际站、环球资源网等。

（2）B2C 跨境电子商务。B2C 跨境电子商务是指分属不同关境的企业直接面向消费个人开展在线销售产品和服务，通过电商平台达成交易、进行支付结算，并通过跨境物流送达商品、完成交易的一种国际商业活动。它面对的最终客户为个人消费者，针对最终客户以网上零售的方式，将产品售卖给个人消费者。代表企业有全球速卖通、亚马逊、DX（服装品牌）、兰亭集势、米兰网、大龙网等。

B2C 跨境电子商务模式主要有“保税进口+海外直邮”模式、“直营+招商”模式和“直营”模式三种类型。

（3）C2C 跨境电子商务。C2C 跨境电子商务是指分属不同关境的个人卖方对个人买方开展在线销售产品和服务，由个人卖家发布售卖的产品和服务的信息、价格等内容，个人买方进行筛选，最终通过电子商务平台达成交易、进行支付结算，并通过跨境物流送达商品、完成交易的一种国际商业活动。它面对的最终客户为个人消费者，商家也是个人卖方。代表企业有 eBay、全球速卖通等。

3. 按平台服务类型分类

跨境电子商务按平台服务类型，分为信息服务平台和在线交易平台。

（1）信息服务平台。信息服务平台主要是为境内外会员商户提供网络营销平台，传递供应商或采购商等商家的商品或服务信息，促成双方完成交易。代表企业有阿里巴巴国际站、环球资源网、中国制造网等。

（2）在线交易平台。在线交易平台不仅提供企业、产品、服务等多方面信息展示，并且可以通过平台在线上完成搜索、咨询、对比、下单、支付、物流、评价等全购物链环节。在线交易平台模式正在逐渐成为跨境电子商务的主流模式。代表企业有敦煌网、全球速卖通、DX、炽昂科技、米兰网、大龙网等。

4. 按平台运营方分类

跨境电子商务按平台运营方，分为第三方开放平台、自营型平台和外贸电子商务代运营服务商模式。

（1）第三方开放平台。平台型电子商务通过线上搭建商城，并整合物流、支付、运营等服务资源，吸引商家入驻，为其提供跨境电子商务交易服务。同时，平台以收取商家佣金以及增值服务佣金作为主要盈利模式。代表企业有全球速卖通、敦煌网、环球资源、阿里巴巴国际站等。

（2）自营型平台。自营型电子商务通过在线上搭建平台，平台方整合供应商资源通过较低的进价采购商品，然后以较高的售价出售商品。自营型平台主要以商品差价作为盈利模式。代表企业有兰亭集势、米兰网、大龙网、炽昂科技等。

（3）外贸电子商务代运营服务商模式。服务提供商能够提供一站式电子商务解决方案，并能帮助外贸企业建立定制的个性化电子商务平台。这种模式的盈利模式是赚取企业支付的服务费用。代表企业有四海商舟（BizArk）、锐意企创（Enterprising&Creative）等。

任务二　跨境电子商务主要平台

跨境电子商务平台的主要作用是信息展示、在线匹配和撮合。典型的跨境电子商务平台有亚马逊（Amazon）、全球速卖通（AliExpress）、eBay（易贝）、Wish、敦煌网（DHgate）等。

1. 亚马逊

亚马逊公司是美国最大的一家网络电子商务公司，位于华盛顿州的西雅图，是网络上最早开始经营电子商务的公司之一。亚马逊成立于 1995 年，一开始只经营网络书籍销售业务，现在则扩及了范围相当广的其他产品，已成为全球商品品种最多的网上零售商和全球第二大互联网企业，在公司名下，也包括了AlexaInternet、a9、lab126、和互联网电影数据库（Internet Movie Database，IMDB）等子公司。

亚马逊及其他销售商为客户提供数百万种独特的全新、翻新及二手商品，如图书、影视、音乐和游戏、数码下载、电子和电脑、家居园艺用品、玩具、婴幼儿用品、食品、服饰、鞋类和珠宝、健康和个人护理用品、体育及户外用品、汽车及工业产品等。

2004 年 8 月，亚马逊全资收购卓越网，使亚马逊全球领先的网上零售专长与卓越网深厚的中国市场经验相结合，进一步提升客户体验，并促进中国电子商务的成长。2016 年 10 月，亚马逊排 2016 年全球 100 大最有价值品牌第 8 名。2017 年 2 月，Brand Finance（英国品牌评估机构）发布 2017 年度全球 500 强品牌榜单，亚马逊排名第三。在 2017 年 6 月 7 日发布的 2017 年《财富》美国 500 强排行榜中，亚马逊排名第十二。2017 年 6 月，《2017 年 BrandZ 最具价值全球品牌 100 强》公布，亚马逊名列第 4 位。

2. 全球速卖通

全球速卖通正式上线于 2010 年 4 月，是阿里巴巴旗下唯一面向全球市场打造的在线交易平台，被广大卖家称为“国际版淘宝”。全球速卖通面向海外买家，通过支付宝国际账户进行担保交易，并使用国际快递发货，是全球第三大英文在线购物网站。

全球速卖通是阿里巴巴帮助中小企业接触终端批发零售商，小批量多批次快速销售，拓展利润空间而全力打造的融合订单、支付、物流于一体的外贸在线交易平台。

全球速卖通在巴西、俄罗斯、西班牙、乌克兰和智利等国家是当地非常重要的购物网站，在平台上成交排名靠前的国家有俄罗斯、美国和巴西等。

3. eBay

eBay 创立于 1995 年 9 月，当时其创始人皮埃尔·奥米迪亚的女朋友酷爱 Pez 糖果盒，却为找不到同道中人交流而苦恼。于是奥米迪亚建立起一个拍卖网站，希望能帮助女友和全美的 Pez糖果盒爱好者交流，这就是 eBay。令奥米迪亚没有想到的是，eBay 非常受欢迎，很快网站就被收集 Pez 糖果盒、芭比娃娃等物品的爱好者“挤爆了”。

eBay 成功的关键是选品，其主要市场是美国和欧洲，所以 eBay 进行了市场调研。方法包括：总体研究整个市场的行情，结合自己的供应链特点深入分析；对欧美市场的文化、人口、消费习惯、消费水平等方面进行研究，从而选择潜力产品；找一些 eBay 的热销产品，对其产品渠道、产品价格仔细研究，分析自己的优势；研究热销产品的市场优势和未来销售潜力；对产品在欧美市场的利润率和持续性做深入考虑。

4. Wish

Wish 是一个这几年刚刚兴起的基于 App 的跨境电子商务平台，主要靠价廉物美吸引客户，在美国市场有非常高的人气，核心品类包括服装、珠宝、手机、礼品等，大部分都是从中国发货。Wish 的主要吸引力是价格特别便宜，但是因为 Wish 平台独特的推荐方式，产品品质往往比较好，这也是它短短几年发展起来的核心因素。Wish 平台 97%的订单量来自移动端，App 日均下载量稳定在 10 万次，峰值时达到 20 万次。就目前的移动互联网优势来看，Wish 未来的潜力是非常巨大的。

Wish 平台具有以下特点。

（1）私人定制模式下的销售。Wish 利用智能推送技术，为 App 客户推送他们喜欢的产品，真正做到点对点的推送，所以说客户下单率非常高，而且满意度很高。Wish 有一个优点是它一次显示的产品数量比较少，这样对于客户体验来说是非常不错的，因为客户并不想花太多时间在自己不喜欢或者不需要的产品上。通过这样的精准营销，卖家短期内可以获得销售额的骤增。

（2）移动电商未来真正的王者。Wish 最初仅仅是一个收集和管理商品的工具，后来才发展成一个交易平台，并越来越火爆。对于中小零售商来说，Wish 的成功让大家明白移动互联网的真正潜力。

5. 敦煌网

敦煌网创立于 2004 年，是全球领先的在线外贸交易平台。敦煌网是国内首个为中小企业提供B2B网上交易的网站，致力于帮助中国中小企业通过跨境电子商务平台走向全球市场，开辟一条全新的国际贸易通道，让在线交易变得更加简单、更加安全、更加高效。

敦煌网采取佣金制，免注册费，只在买卖双方交易成功后收取费用。作为中小额 B2B 海外电子商务的创新者，敦煌网采用电子邮件营销的营销模式低成本高效率地拓展海外市场，自建 DHgate 平台，为海外用户提供高质量的商品信息。用户可以自由订阅英文 EDM 商品信息，第一时间了解市场最新供应情况。2011 年在深圳设立华南总部的敦煌网将在深圳部署物流相关工作。2013 年，敦煌网新推出的外贸开放平台实质上是一个外贸服务开放平台，通过开放的服务拉拢中大型的制造企业，最终引导它们在线上交易。

敦煌网与其他 B2B 公司的盈利模式不同，它以在线贸易为核心，以交易佣金为主营收入的运营模式在不断完善。如果是卖家，在敦煌网注册、验证、开店铺、发布产品、交易都是全免费。如果是买家，在敦煌网注册不收费，购买时需要支付给敦煌网一部分佣金。

任务三　跨境电子商务物流

跨境物流是跨境电子商务的重要组成部分，是实施跨境电子商务的关键。现在跨境电子商务卖家越来越多，每当做业务开始有订单时，第一个要考虑的问题就是怎么选择物流把货发到国外去。

1. 跨境电子商务物流的内涵

跨境电子商务是指分属不同关境的交易主体通过电子商务平台达成交易，进行支付结算，并通过跨境物流送达商品、完成交易的一种国际商业活动。跨境电子商务物流是为了克服两个关境生产和消费的空间间隔和时间距离，进行物理性移动的一项国际商品或交流活动，从而完成国际商品交易的最终目的，即实现买卖双方交付单证、货物和收取货物。

2. 跨境电子商务物流的难点

（1）物流链条长、作业复杂。由于增加了海外仓储配送、海上运输等过程，以及清关通关等环节，跨境电子商务物流的整个链条自然比普通物流的链条长、环节多，且涉及电子商务企业、海关、国检、商检、税务、外汇等众多主体，各项信息需互联互通，其物流运作自然更为复杂，难度更大。

（2）自动化、信息化程度不高。跨境电子商务物流涉及海量订单及海量 SKU（物理上不可分割的最小存货单位），订单商品分散，并且要快速完成订单拣选、配送以及退换货处理，因此，对物流系统自动化程度要求较高。与之相比，多数跨境电子商务企业发展时间短，自身积累不足，物流信息系统不够先进，自动化物流设备及技术也引入较少。因此订单处理滞后、效率低下且错误率高、库存管理混乱，甚至丢件等现象已成为困扰跨境电子商务发展的主要问题。

（3）仓库面积不足。在跨境电子商务的快速发展下，现有的仓库自由日渐捉襟见肘。特别是“黑色星期五”“双十一”等促销日，陡增的订单量显然对现有的物流系统提出了挑战，爆仓现象普遍存在。

（4）退换货等逆向物流活动复杂。订单处理缓慢、物流体验差以及其他因素导致跨境电子商务的退换货率及消费者投诉率均比国内电子商务更高，由此产生的逆向物流活动更频繁、更复杂，增加了跨境电子商务物流管理运营的难度。

3. 跨境电子商务物流的主要模式

（1）邮政包裹。邮政网络基本覆盖全球，比其他任何物流渠道都要广，这主要得益于万国邮政联盟和卡哈拉邮政组织。万国邮政联盟是联合国下设的一个关于国际邮政事务的专门机构，通过一些公约法规来改善国际邮政业务，发展邮政方面的国际合作。万国邮政联盟由于会员众多，而且会员国之间的邮政系统发展很不平衡，因此很难促成会员国之间的深度邮政合作。于是在 2002 年，邮政系统相对发达的 6 个国家和地区（中国内地、美国、日本、澳大利亚、韩国以及中国香港）的邮政部门在美国召开了邮政首席执行官峰会，并成立了卡哈拉邮政组织，后来西班牙和英国也加入了该组织。卡哈拉组织要求所有成员国的投递时限要达到 98%的质量标准。如果货物没能在指定日期投递给收件人，那么负责投递的运营商要按货物价格的 100%赔付客户。这些严格的要求都促使成员国之间深化合作，努力提升服务水平。例如，从中国发往美国的邮政包裹，一般 15 天以内可以到达。据不完全统计，中国出口跨境电子商务 70%的包裹都是通过邮政系统投递，其中中国邮政占据 50%左右。

（2）国际快递。国际快递指四大商业快递巨头，即敦豪快递（DHL）、TNT 快递、美国联邦快递（FedEx）和 UPS 快递。这些国际快递商通过自建的全球网络，利用强大的 IT 系统和遍布世界各地的本地化服务，为网购中国产品的海外用户带来极好的物流体验。例如，通过 UPS 快递寄送到美国的包裹，最快可在 48 小时内到达。然而，优质的服务伴随着昂贵的价格。一般中国商户只有在客户时效性要求很强的情况下，才使用国际商业快递来派送商品。

（3）国内快递。国内快递主要指邮政特快专递服务（EMS）、顺丰和“四通一达”。在跨境物流方面，“四通一达”中申通、圆通布局较早，但也是近期才发力拓展，比如美国申通 2014 年 3 月才上线，圆通也是 2014 年 4 月才与 CJ 大韩通运展开合作，而中通、汇通、韵达则是刚刚开始启动跨境物流业务。顺丰的国际化业务则要成熟些，目前已经开通到美国、澳大利亚、韩国、日本、新加坡、马来西亚、泰国、越南等国家的快递服务，发往亚洲国家的快件一般 2～3 天可以送达。在国内快递中，EMS 的国际化业务是最完善的。依托邮政渠道，EMS 可以直达全球 60 多个国家，费用相对四大商业快递巨头要低，中国境内的出关能力很强，到达亚洲国家需 2～3 天，到欧美则需要 5～7 天。

（4）专线物流。跨境专线物流一般是通过航空包舱方式运输到国外，再通过合作公司进行目的国的派送。专线物流的优势在于其能够集中大批量到某一特定国家或地区的货物，通过规模效应降低成本。因此，其价格一般比商业快递低。在时效上，专线物流稍慢于商业快递，但比邮政包裹快很多。市面上最普遍的专线物流产品是美国专线、欧洲专线、澳洲专线、俄罗斯专线等，也有不少物流公司推出了中东专线、南美专线、南非专线等。专线的成本比国际快递低，能够规避清关与商检风险。针对特定区域的跨境电子商务，专线是一种有效的跨境物流方案，但有区域局限性，只能用于特定的跨境物流需求或者作为跨境物流的周转与衔接环节。

（5）海外仓。海外仓储服务指为卖家在销售目的地进行货物仓储、分拣、包装和派送的一站式控制与管理服务。确切来说，海外仓应该包括头程运输、仓储管理和本地配送三个部分。

头程运输：中国商家通过海运、空运、陆运或者联运将商品运送至海外仓库。

仓储管理：中国商家通过物流信息系统远程操作海外仓储货物实时管理库存。

本地配送：海外仓储中心根据订单信息，通过当地邮政或快递将商品配送给客户。

选择这类模式的好处在于，仓储置于海外不仅有利于海外市场价格的调配，同时还能降低物流成本。拥有自己的海外仓库，能从买家所在国发货，从而缩短订单周期，完善客户体验，提升重复购买率。结合国外仓库当地的物流特点，可以确保货物安全、准确、及时地到达终端买家手中。

然而，这种海外仓储的模式虽然解决了小包时代成本高昂、配送周期漫长的问题，但是，值得各位跨境电子商务卖家考虑的是，不是任何产品都适合使用海外仓。库存周转快的热销单品适合此类模式，否则，极容易压货。同时，这种方式对卖家在供应链管理、库存管控、动销管理等方面提出了更高的要求。

以上五大模式基本涵盖了当前跨境电子商务的物流模式和特征。但也有一些“另类”。比如，比利时邮政虽然属于邮政包裹模式，但其却定位于高质量卖家，提供的产品服务远比其他邮政产品优质。

任务四　跨境电子商务支付

对于跨境电子商务来说，要在线上完成交易首先要解决支付的问题。跨境支付是跨境电子商务中必不可少的环节，可以通过银行转账、信用卡支付和第三方支付等方式进行。电子商务的发展带动了第三方支付的快速增长，当人们切身感受着商品贸易全球化所带来的便利的同时，对于跨境支付的需求也日益增多，特别是第三方支付随着跨境电子商务的发展其需求日益增多。

1. 跨境电子商务支付的内涵

跨境支付（Cross-border Payment）指两个或者两个以上国家或者地区之间因国际贸易、国际投资及其他方面所发生的国际间债权债务借助一定的结算工具和支付系统实现资金跨国和跨地区转移的行为。例如中国消费者在网上购买国外商家产品或国外消费者购买中国商家产品时，由于币种的不一样，就需要通过一定的结算工具和支付系统实现两个国家或地区之间的资金转换，最终完成交易。

2. 跨境电子商务的主要支付方式

跨境电子商务支付方式有两大类：网上支付（包括电子账户支付和国际信用卡支付，适合小额的跨境零售）和银行汇款模式（适合大金额的跨境交易）。

（1）线上的跨境支付方式。

1）信用卡。信用卡支付是全球通用的，跨境电子商务网站可通过与维萨、万事达等国际信用卡组织合作，或直接与海外银行合作，开通接收海外银行信用卡支付的端口。

优点：欧美最流行的支付方式，信用卡的用户人群非常庞大。

缺点：接入方式麻烦、需预存保证金、收费高昂、付款额度偏小，黑卡蔓延，存在拒付风险。

适用范围：从事跨境电子商务零售的平台和独立 B2C。

目前国际上五大信用卡品牌包括 VISA、MasterCard、America Express（美国运通）、JCB（日财卡），Diners club（大莱卡），其中前两个为大家广泛使用。

2）PayPal。PayPal 与支付宝较类似，在国际上知名度较高，是很多国家客户的常用付款方式。它允许在使用电子邮件来标识身份的用户之间转移资金。

优点：交易完全在线上完成。适用范围广，尤其受美国用户信赖。收付双方必须都是 PayPal 用户，以此形成闭环交易，风控好。

缺点：PayPal 用户消费者（买家）利益大于 Paypal 用户卖家（商户）的利益，交易费用主要由商户提供，对买家过度保护；电汇费用，每笔交易除手续费外还需要支付交易处理费；账户容易被冻结，商家利益受损失。

适用范围：跨境电子商务零售行业，几十到几百美金的小额交易更划算。

费率：（eBay 平台）2.9%～3.9%；（其他平台或传统外贸）3.4%～1.4%。

费用：无开户费及使用费；每笔收取 0.3 美元的银行系统占用费；以美元形式提现至大陆银行，每笔收取 35 美元；以人民币形式提现至大陆银行，每笔收 1.2%的手续费。

3）Payoneer。Payoneer 是一家总部位于纽约的在线支付公司，主要业务是帮助其合作伙伴将资金下发到全球，其同时也为全球客户提供美国银行/欧洲银行收款账户，用于接收欧美电商平台和企业的贸易款项。Payoneer 有美元、欧元和英镑三种币种的账户，所有币种均支持多平台店铺，个人和公司身份均可申请。另外，Payoneer 现在分有卡和无卡账户两种，有卡账户管理费为每年 29.95 美元，无卡账户则不需要交纳年费。Payoneer 转账无汇损，提现到国内约 1～2 个工作日，结汇无限制。

优点：便捷，中国身份证即可完成 Payoneer 账户在线注册，并自动绑定美国银行账户和欧洲银行账户；合规，像欧美企业一样接收欧美公司的汇款，并通过 Payoneer 和中国支付公司的合作完成线上的外汇申报和结汇；便宜，电汇设置单笔封顶价，人民币结汇最多不超过 2%。

适用范围：单笔资金额度小但是客户群分布广的跨境电子商务网站或卖家。

4）World First。World First 是一家注册于英国的顶级国际汇款公司，在英国、美国、澳大利亚、新加坡、中国香港有办公室，提供 24 小时中文电话服务。个人或公司身份均可申请。提现时 World First 会自行打到卖家绑定的法人私人账户或者对公银行卡里。World First 收费标准如下：

①无年费，没有提款额度限制。

美元账户：一次性转款 1000 美元以下每笔 30 美元；1000 美元以上免手续费。

英磅账户：一次性转款 500 英镑以下每笔 10 英镑；500 英镑以上免手续费。

欧元账户：一次性转款 500 欧元以下每笔 10 欧元；500 欧元以上免手续费。

加元账户：一次性转款 1000 加元以下每笔 30 加元；1000 加元以上免手续费。

②汇损：每次转款汇损在 1%～2.5%左右，转款金额越大越优惠。

5）PingPong。PingPong 是 2014 年创立的科技金融类公司，总部设在杭州，在美国纽约设有分部，是唯一一家接受中美两边监控的收款平台。

平台账户免费申请、无入账费、无账户管理费，只有在卖家提现到国内银行账户时才会产生费用，1%封顶费率，无汇损。提款门槛低，达到 1000 美元就可以提款。在银行工作时间发起的提现申请，汇率按照当天结汇时间点的现汇买入价计算，工作时间以外发起的提现申请按照 T+1（即下一工作日）的现汇买入价计算相应人民币提现金额。PingPong 账号提现到银行账户一般需要 1～3 个工作日，大部分的提现在 1 工作日内到账。目前 PingPong 仅支持开通美元账户。

6）国际支付宝。

①买家通过信用卡支付时，根据国际支付渠道不同，款项会以美金或人民币的形式进入到国际支付宝账户，然后分别以美金提现和人民币提现。

②买家通过 T/T 银行汇款支付时，款项将以美元的形式放款到客户的国际支付宝账户。也就是说，买家采用不同的支付方式，其货款将打入卖家不同的收款账户。

③国际支付宝对卖家收取 3%（中国供应商会员）或 5%（普通会员）的手续费。

需要注意的是，国际速卖通绑定支付宝和银行卡就可以提现。提现人民币到支付宝是不收手续费的，但美元要收取 15 美元的手续费。另外，银行卡则需支持可以提现美元的账号才可绑定。

（2）线下的跨境支付方式。

1）电汇。

优点：收款迅速，几分钟就到账；先付款后发货，保证商家利益不受损失。

缺点：先付款后发货，买方容易产生不信任；用户量少，限制商家的交易量；买卖双方都要支付手续费，数额较大的，手续费高；对银行信息要求非常高。

适用范围：电汇是传统的B2B付款模式，适合大额的交易付款。

费用：买卖双方各自承担所在地的银行费用。具体费用根据银行的实际费率进行计算。

2）西联汇款。西联汇款是世界上领先的特快汇款方式，可以在全球大多数国家的西联代理所在地汇出和提款。手续费由买家承担。

优点：到账速度快；手续费由买家承担；对于卖家来说最划算，可先提钱再发货，安全性好。

缺点：对买家来说风险极高，买家不易接受；买卖双方需要去西联线下柜台操作，手续费较高。

适用范围：1万美元以下的中等额度支付。

费用：西联手续费由买家承担，需要买卖双方到当地银行实地操作。在卖家未收款时，买家随时可以撤回资金。

3）Money Gram。Money Gram，又称速汇金汇款，是一种快捷、可靠的国际汇款方式，收款人凭汇款人提供的编号即可收款。

优点：汇款速度快，十几分钟即可到账；汇款金额不高时，费用相对较低，无中间行费，无电报费；手续简单。

缺点：汇款人及收款人都必须是个人；必须是境外汇款；如果客户持现钞账户汇款，还需交纳一定的现钞变汇的手续费。

任务五　跨境电子商务营销方式

1. 电子邮件营销

电子邮件营销是在用户事先许可的前提下，通过电子邮件的方式向目标用户传递有价值信息的一种网络营销手段。电子邮件营销有三个基本因素：用户许可、电子邮件传递信息、信息对用户有价值，三个因素缺少一个都不能称之为有效的电子邮件营销。电子邮件营销是利用电子邮件与受众客户进行商业交流的一种直销方式，同时也广泛应用于网络营销领域。电子邮件营销是网络营销手法中最古老的一种，比绝大部分网站推广和网络营销手法都要老。从发送邮件是否得到用户许可来进行分类，可将电子邮件营销分为许可式电子邮件营销和未经许可的垃圾邮件营销，通常将许可式的电子邮件营销定义为真正意义上的电子邮件营销。

2. 搜索引擎营销

搜索引擎营销是根据用户使用搜索引擎的方式，利用用户检索信息的机会尽可能将营销信息传递给目标用户。简单来说，搜索引擎营销就是基于搜索引擎平台的网络营销，利用人们对搜索引擎的依赖和使用习惯，在人们检索信息的时候将信息传递给目标用户。搜索引擎营销的基本思想是让用户发现信息，并通过点击进入网页，进一步了解所需要的信息。企业通过搜索引擎付费推广，让用户可以直接与公司客服进行交流、了解，实现交易。搜索引擎营销主要包括以下几种方式。

（1）搜索引擎优化。搜索引擎优化是一种利用搜索引擎的搜索规则来提高目前网站在有关搜索引擎内的自然排名的方式。搜索引擎优化的目的是为网站提供生态式的自我营销解决方案，让网站在行业内占据领先地位，从而获得品牌收益。搜索引擎优化包含站外搜索引擎优化和站内搜索引擎优化两方面。搜索引擎优化是指为了从搜索引擎中获得更多的免费流量，从网站结构、内容建设方案、用户互动传播、页面等角度进行合理规划，使网站更适合搜索引擎的索引原则的行为。使网站更适合搜索引擎的索引原则又被称为对搜索引擎优化，对搜索引擎优化不仅能够提高搜索引擎优化的效果，还会使搜索引擎中显示的网站相关信息对用户来说更具有吸引力。

（2）关键词竞价排名。竞价排名是一种按效果付费的网络推广方式。竞价排名的基本特点是按点击付费，推广信息出现在搜索结果中（一般是靠前的位置），如果没有被用户点击，则不收取推广费。用少量的投入就可以给企业带来大量潜在客户，有效提升企业销售额和品牌知名度。关键词竞价排名按照给企业带来的潜在客户访问数量计费，企业可以灵活控制网络推广投入，获得最大回报。

（3）关键词广告。关键词广告是付费搜索引擎营销的一种形式，也称为关键词检索。当用户利用某一关键词进行检索，在检索结果页面会出现与该关键词相关的广告内容。由于关键词广告是在特定关键词的检索时才出现在搜索结果页面的显著位置，所以其针对性非常强，被称为性价比较高的网络推广方式。

3. 社交媒体营销

（1）Facebook。作为全球最大的社交网站，Facebook 每月活跃用户数高达 13 亿。此外，大约有 3000 万家小公司在使用Facebook，其中 150 万企业在 Facebook 上发布付费广告。当前，兰亭集势、DX 等都开通了 Facebook 官方专页，Facebook 海外营销受到越来越多跨境电子商务从业者的关注。当然，在面对俄罗斯市场时，应该选择 VK 而不是 Facebook。在俄罗斯乃至东欧，VK 是人们首选的社交网站。

（2）Twitter。Twitter 是全球最大的微博网站，拥有超过 5 亿的注册用户。虽然用户发布的每条“推文”被限制在 140 个字符内，但却不妨碍各大企业利用Twitter进行产品促销和品牌营销。例如，在 2008 年圣诞购物期间，Dell 仅通过 Twitter 的打折活动就获得百万美元销售额；再如，著名垂直电商 Zappos 创始人谢家华通过其 Twitter 的个人账号与粉丝互动，维护了 Zappos 良好的品牌形象。以上这两个案例其实都适用于跨境电子商务的海外营销。此外，跨境电子商务还可以利用 Twitter 上的名人进行产品推广，比如第一时间评论名人发布的“推文”，让千千万万名人的粉丝慢慢熟知自己，并最终成为自己的粉丝。2014 年 9 月，Twitter 推出了购物功能键，这对于跨境电子商务来说无疑又是一大利好消息。

（3）Tumblr。Tumblr 是全球最大的轻博客网站，含有 2 亿多篇博文。轻博客是一种介于传统博客和微博之间的媒体形态。与 Twitter 等微博相比，Tumblr 更注重内容的表达；与博客相比，Tumblr 更注重社交。因此，在 Tumblr 上进行品牌营销，要特别注意“内容的表达”。比如，给自己的品牌讲一个故事，比直接在博文中介绍公司及产品，效果要好很多。有吸引力的博文内容，很快就能通过 Tumblr 的社交属性传播开来，从而达到营销的目的。跨境电子商务网站拥有众多的产品，如果能从这么多的产品里面提炼出一些品牌故事，或许就能够达到产品品牌化的效果。

（4）YouTube。YouTube 是全球最大的视频网站，每天都有成千上万的视频被用户上传、浏览和分享。相对于其他社交网站，YouTube 的视频更容易带来病毒式的推广效果。YouTube 也是跨境电子商务不可或缺的营销平台。开通一个YouTube频道，上传一些幽默视频吸引粉丝，通过一些有创意的视频进行产品广告的植入，或者找一些意见领袖来评论产品宣传片，都是非常不错的引流方式。

（5）Pinterest。Pinterest 是全球最大的图片分享网站，其网站拥有超过 300 亿张图片。图片非常适合跨境电子商务网站的营销，因为电子商务很多时候就是依靠精美的产品图片来吸引消费者。卖家可以建立自己的品牌主页，上传自家产品图片，并与他人互动分享。2014 年 9 月，Pinterest 推出了广告业务。品牌广告主可以利用图片的方式，推广相关产品和服务，用户可以直接点击该图片进行购买。Pinterest 通过收集用户个人信息，建立偏好数据库，以帮助广告主进行精准营销。因此，除了建立品牌主页外，跨境电子商务网站还可以购买 Pinterest 的广告进行营销推广。与 Pinterest 类似的网站还有 Snapchat、Instagram 以及 Flickr 等。

模块三　我国跨境电子商务的发展

任务一　我国跨境电子商务发展的原因

1. 配套的政策推动了跨境电子商务的快速发展

2015 年，国务院发布了《关于加快培育外贸竞争新优势的若干意见》和《关于促进跨境电子商务健康快速发展的指导意见》，明确了对跨境电子商务的支持态度，强调大力推动跨境电子商务，鼓励企业布局海外仓，培养一批外贸综合服务企业。国务院发布的《关于大力发展电子商务加快培育经济新动力的意见》提出了加强电子商务国际合作，推动电子商务走出去；此外，加快自贸区建设又成为跨境电子商务发展的重要催化剂，国家出台的一系列政策成为加快跨境电子商务行业发展的动力。

2016 年，跨境电子商务行业持续迎来政策利好，国家推动建设跨境电子商务综合试验区，并组织实施国家电子商务示范城市、电子商务重大工程等；G20 贸易部长会议首次把跨境电子商务纳入合作范畴，带来政策面的又一轮催化，这些政策措施都不断为跨境电子商务带来发展新机遇。

2. 良好的发展环境催生了跨境电子商务的发展

随着电子信息技术和经济全球化的深入发展，电子商务的地位和重要作用日益凸显。近年来，国家力促跨境电子商务的发展，更多旨在扶持传统外贸企业借助互联网的渠道实现转型升级。在“互联网+外贸”的模式下，催生了蓬勃兴起的跨境电子商务行业。在良好的政策背景与发展环境下，近年来跨境电子商务业务快速发展，以开放促改革、促发展，扩张上海自由贸易试验区范围，新设更多自由贸易试验区等，这些都对跨境电子商务的加速发展起到较大的促进作用。

3. 居民消费的个性化和品质提高，成为推动跨境进口增长内在动力

随着居民收入增长、中高收入群体的扩大，消费者的购买力日益增强，对优质生活有了更高的需求。海淘使消费者可以花更少的钱买到更优质的商品，这一特性使得海淘迅速成为引领消费升级的新型购物方式。加之我国居民消费已从标准化、大众化的“排浪式”消费，进入个性化、定制化消费的新阶段，尤其是“80 后”“90 后”已成为市场消费主体，更加追求个性化、时尚化与高品质，对品牌、产品的崇尚已超越国别和地域的限制，而国内一些商品的供给端还停留在低端、仿冒、大众化商品阶段，无法满足部分中高收入居民消费升级的

更高要求，求购境外商品便成为一种选择。因此，居民购买力增强和消费需求的变化，成了推动跨境进口增长的内在动力。

任务二　我国跨境电子商务的发展现状

2008—2018 年我国跨境电子商务交易额由 0.8 万亿元增加到 8.8 万亿元，交易规模呈持续上升趋势，跨境电子商务交易额占进出口总额的比重由 4.44%上升到 34.6%，一直保持平稳快速的发展水平，体现出我国自身蕴藏着巨大的市场需求和发展潜力。随着我国跨境电子商务利好政策的先后出台实施，在行业产业链逐渐完善以及行业参与者积极推动等众多因素的影响下，预计 2019 年我国跨境电子商务交易总额将达到 11.8 万亿元。跨境电子商务作为一种新型外贸发展模式，正在逐渐改变并试图超越传统的进出口贸易模式，将逐步成为我国对外贸易新的推动力和增长点，同时将对我国对外贸易产业链的完整性产生深远影响。

为了进一步鼓励我国跨境电子商务的发展，我国政府出台了一系列相关政策，从 2012 年起国家发改委开始实行跨境电子商务试点工作，从起初的上海、杭州、宁波、郑州、重庆 5 个城市逐步发展到 16 个城市，有力地促进了我国跨境电子商务有序健康发展，政府相关政策的出台为我国跨境电子商务发展营造了良好环境。以义乌市为例，义乌作为全国乃至全球最大的小商品集散中心，每日发往世界各地的快递数量高达 40 万件，由此可以看出我国跨境电子商务呈现出快速增长的发展趋势。

任务三　当前跨境电子商务存在的问题

1. 产品同质化严重，品牌化未建立

近年来跨境电子商务发展迅速，吸引了大量商家的涌入，行业竞争加剧。一些利润空间较大的热销产品同质化现象严重，大部分跨境电子商务企业还未涉及品牌化建设，品牌缺失问题较为突出，在一些产品类型领域，行业内甚至出现恶劣的价格竞争。如何利用好跨境电子商务带来的机会建立品牌化，是我国跨境电子商务可持续发展必须解决的一大难题。

2. 跨境物流时间长且浮动范围大

我国跨境物流体系不完善，配送周期过长。以出口为例，从国内到美国和欧洲一般要 7～15 天，到南美洲、巴西、俄罗斯要 25～35 天，相比于国内网上购物 3 天左右的物流时间，国际物流等待时间过长严重影响购物体验。

同时，部分境外地区难以追踪物流，包裹破损甚至丢失的问题也经常出现。由于跨境电子商务 B2C 的单件体量小，较为依赖航空运输，导致物流价格偏高。目前物流费用大约占到我国跨境电子商务企业销售费用的 25%，成为跨境电子商务利润的主要吞噬点。

3. 通关手续不够简化

海关总署出台了严格的通关政策：个人进口税额的临界点由 500 元降低为 50 元，超出 50 元的，要办理退运手续或者按照货物规定办理通关手续，相比之下，个人邮寄物品的免税额度缩小了近十倍，这就意味着越来越多的跨境交易需要进行申报，其间一系列繁琐的手续及费用的支出常常成为消费者和网上卖家严重的经济负担。此外，因申报不合格而使商品滞留在海关而使消费者无法收到的现象也时有发生。

4. 结汇难

根据我国现行政策，国外买家支付的款项只能通过个人储蓄账户结汇，但是我国限制个人结汇每年最高为 5 万美元，导致一些出口企业借用亲属账户进行结汇或者通过地下钱庄将外汇兑换成人民币；还有一种方式是通过第三方服务商，外贸企业在离岸地区注册一个离岸账户把外汇转汇给服务商的离岸账户，然后服务商在国内按当日汇率把外汇转化为人民币给外贸企业。无论哪种结汇方式，都不算是正规的渠道，存在极大的风险。

5. 退缴税制度匮乏

目前跨境贸易电子商务主要是以快件为主，卖家无法提供报关单，大部分卖家无法享受退税政策。货物属性认定与税收制度的冲突日益明显，以 B2C 进口为例，商品需要征收关税、消费税和增值税，而被视为个人使用的物品只需缴纳远低于商品税收的行邮税，由于实际操作中只能依据数量多少来分辨商品和自用物品。这种操作方法在跨境电子商务兴起之前还未有太大影响，但随着跨境电子商务 B2C 规模的日益壮大，海量的物品成为流通商品，给税务界定带来很大困难。

6. 部分跨境电子商务企业信用不足

跨境电子商务是基于网络的虚拟模式，由此产生的参与者信用不确定性已经成为电子商务发展中的桎梏。再加上我国的电子商务企业缺乏法律意识，假冒伪劣商品时有发生，因为侵犯知识产权而被海关扣留的仿牌产品事件略见不鲜，甚至有很多国外客户有些排斥“中国制造”，带来了恶劣的影响。较之国内电子商务，信用问题对于跨境电子商务尤为重要，因为交易双方来自不同国家，有着不同的文化背景和地区差异，信用往往是吸引客户驻足的决定性因素。

7. 专业人才欠缺

跨境电子商务人才是复合型人才，应具备英文网店管理、在线英语交流、海外网络营销、策划及执行、搜索引擎优化、海外客户需求分析等应用能力，同时还需了解国际支付方式、国际物流工具、国际贸易常识、跨文化交流等知识，熟悉相关法律法规。然而，跨境电子商务属于新兴产业，本身人才存量不多，有经验的跨境电子商务人才更是少之又少，同时，高校与社会培训机构来不及对电子商务人才的培养与培训进行调整，故产生巨大的人才缺口。

任务四 我国跨境电子商务的发展趋势

1. 交易特征：产品品类和销售市场更加多元化

随着跨境电子商务的发展，跨境电子商务交易呈现新的特征：交易产品向多品类延伸、交易对象向多区域拓展。从销售产品品类看，跨境电子商务企业销售的产品品类从服装服饰、3C 电子产品、家居园艺、珠宝、汽车配件、食品药品等便捷运输产品向家居、汽车等大型产品扩展。

2. 交易结构：B2C 占比提升，B2B 和 B2C 协同发展

通过对比中国跨境电子商务 B2B 和 B2C 模式在盈利模式、现金流、盈利能力等层面的比较，可以发现未来 B2C 模式将实现爆发式增长，在中国跨境电子商务市场中的份额不断提升，为中国中小企业带来新的盈利增长点。尤其是随着跨境电子商务的发展，很多过去处于中间环节的贸易商，会逐渐转变为服务商。

3. 交易渠道：移动端成为跨境电子商务发展的重要推动力

移动技术的进步使线上与线下商务之间的界限逐渐模糊，以互联、无缝、多屏为核心的“全渠道”购物方式将快速发展。

4. 产业生态：产业生态更为完善，各环节协同发展

无论是金融支付、物流仓储（包括现在流行的海外仓），还是数字营销、知识产权保护、电子商务人才培养，都会朝专业化、协同化和国际化的方向发展，在电子商务服务体系中发挥重要作用。

知识小结

（1）跨境电子商务是指分属不同关境的交易主体，通过电子商务平台达成交易、进行支付结算，并通过跨境物流送达商品、完成交易的一种国际商业活动。

跨境电子商务和外贸电子商务有以下几点本质区别：主体不同、环节不同、交易方式不同、税收不同、模式不同。

（2）跨境电子商务的特征具体表现为全球性、无形性、匿名性、即时性、无纸化、快速演进。

（3）跨境电子商务的模式或分类：①按进出口方向，可分为进口跨境电子商务和出口跨境电子商务；②按交易主体类型，可分为 B2B 跨境电子商务、B2C 跨境电子商务、C2C 跨境电子商务；③按平台服务类型，可分为信息服务平台和在线交易平台；④按平台运营方，可分为第三方开放平台、自营型平台和外贸电子商务代运营服务商模式。

（4）典型的跨境电子商务平台有亚马逊（Amazon）、全球速卖通（AliExpress）、易贝（eBay）、Wish、敦煌网（DHgate）等。

（5）跨境物流是跨境电子商务的重要组成部分，是实施跨境电子商务的关键。跨境电子商务物流的主要模式有邮政包裹、国际快递、国内快递、专线物流、海外仓。

（6）跨境电子商务营销方式主要有电子邮件营销、搜索引擎营销、社交媒体营销。

（7）我国跨境电子商务的发展趋势有：产品品类和销售市场更加多元化；B2C 占比提升，B2B 和 B2C 协同发展；移动端成为跨境电子商务发展的重要推动力；产业生态更为完善，各环节协同发展。

知识巩固

一、判断题

1．跨境支付方式由信用卡统一购汇支付。（　　）

2．虽然跨境电子商务兼具国际贸易和电子商务的特点，但是跨境电子商务发展的核心是国际贸易，只是随着时代的发展，与电子商务结合出现了新特征。（　　）

3．跨境电子商务进口快速增长，但出口规模远大于进口规模。（　　）

4．海外仓储服务指为卖家在销售目的地进行货物仓储、分拣、包装和派送的一站式控制与管理服务。（　　）

5．跨境电子商务的运营模式多种多样，不同模式都有其优劣长短之分，但在不同商业运营环境中，不同模式体现出来的生命力相同。（　　）

6．跨境电子商务定义是指分属不同关境的交易主体，通过电子商务平台达成交易、进行支付结算，并通过跨境物流送达商品、完成交易的一种国际商业贸易活动。（　　）

7．为促进我国跨境电子商务的健康发展，应重视以下工作：优化通关、支付、物流、结

汇等服务支撑体系。（　　）

8．按照交易主体类型，跨境电子商务的模式可以分为B2B、B2C、C2C三种。（　　）

9．跨境电子商务领域支付方式由传统模式变为银行转账、信用卡等多种支付方式并存的绝对安全模式。（　　）

10．跨境电子商务流程为：国内贸易商→跨境电子商务平台→国外消费者。（　　）

二、单项选择题

1．中国跨境电子商务将呈现（　　）发展趋势。

A．物流发展缓慢　　B．电子商务平台竞争减弱

C．政策红利将加大　　D．整合分销趋势明显

2．跨境电子商务的定义是通过互联网达成进出口的（　　）信息交换、交易等应用。

A．O2O　　B．B2B　　C．B2C　　D．C2C

3．跨境电子商务的特点是（　　）。

A．无法直接面对客户　　B．订单、频次高、风险分担

C．订单大、周期长、风险高　　D．利润小

4．跨境电子商务可以将信息流、资金流和物流集合在一个平台上完成，而且可以同时进行，因此相对于传统贸易而言，交易双方的交易频率大幅提高。这种现象称为（　　）。

A．多边化　　B．高频度　　C．透明化　　D．便捷化

5．以下属于自营型平台的是（　　）。

A．敦煌网　　B．全球速卖通　　C．亚马逊　　D．兰亭集势

6．下列关于跨境电子商务的物流难点表述错误的是（　　）。

A．物流链条长、作业复杂

B．自动化、信息化程度不高

C．仓库面积大

D．退换货等逆向物流活动复杂

7．四大商业快递巨头不包括（　　）。

A．顺丰快递　　B．DHL　　C．TNT　　D．UPS

8．（　　）是在跨境电子商务交易过程中提供支付服务的第三方支付平台。

A．支付企业　　B．电商平台

C．报关企业　　D．监管场所经营人

9．电子邮件营销模式的特点是（　　）。

A．独特的个性化内容　　B．引起用户关注的内容

C．掌握用户嗜好的内容　　D．隐藏用户隐私

10．跨境电子商务的未来发展呈现出（　　）趋势。

A．产品品类和销售市场更加多元化

B．B2C 占比提升，B2B 和 B2C 协同发展

C．产业生态更为完善，各环节协同发展

D．以上都对

三、多项选择题

1．下列关于跨境电子商务特征的表述正确的有（　　）。

A．以电子商务来辅助国际贸易的方式，思路是以贸易为中心，将电子商务作为手段来实现贸易环节的电子化、数字化，重在描述跨境电子商务的技术动因和基础条件

B．用国际贸易来延伸电子商务的范围，以电子商务商为中心，将本地电子商务平台的概念延伸到跨境电子商务平台

C．电商模式可以重组国际贸易，颠覆贸易链中间环节，但持这种视角往往容易将跨境电商等同于跨境零售，忽略参与者的丰富性

D．国际贸易搭台、电子商务唱戏

2．跨境电子商务的参与主体有（　　）。

A．通过第三方平台进行跨境电商经营的企业和个人

B．跨境电子商务的第三方平台

C．物流企业

D．支付企业

3．主要的跨境电子商务平台有（　　）。

A．阿里巴巴　　B．敦煌网

C．兰亭集势　　D．PayPal

4．常见的跨境电子商务物流模式有（　　）。

A．邮政包裹模式　　B．国际快递

C．海外仓　　D．公路运输

5．制约跨境电子商务发展的因素有（　　）。

A．跨境电商人才缺失　　B．产品同质化严重

C．物流时间长且浮动范围大　　D．品牌化未建立

实战演练

实战任务一　访问 Amazon、AliExpress、eBay、Wish、DHgate 五个物流的跨境电子商务网站，了解网站的买家平台，比较各平台的异同。

实战任务二　登录 Amazon、Wish、DHgate 卖家平台，注册个人卖家账号，并了解卖家后台。

实战任务三　在主流跨境电子商务平台中选取一款热销产品，在 1688 平台上找到相应的货源，在卖家后台上传产品信息，制定一个合理的定价，并选择合适的物流方式。

学习情境八　电子商务物流

学习目标

- 掌握物流概念、分类、功能。
- 了解电子商务物流模式。
- 了解物流系统的概念和组成。
- 熟悉电子商务物流的各种技术。
- 掌握供应链和供应链管理的一般概念。
- 了解供应链管理的方法及电子商务环境下的供应链管理方法。

案例导入

据多家媒体报道称，生鲜电子商务领导品牌——本来生活网宣布，本来生活网已与国企首农食品集团达成签约协议，双方将建立合资公司“北京首食本来供应链管理有限公司”（简称“首食本来”）。通过联合投资30亿元，强化生鲜食品供应链平台建设。另外，本来生活网方面还表示，公司计划在2018年实现全面盈利。

在外界人士看来，生鲜电子商务似乎有着巨大的盈利空间和发展前景，然而，想要在该行业站稳脚跟，首先要攻克的就是货损率、流量成本以及多渠道的竞争压力，还有令不少企业颇感头疼的冷链物流基础设施。对于这几点，本来生活网则有着自己的规划。比如，对于供应链管理，本来生活网与首农食品集团旗下的全资子公司首农供应链达成合作，双方将联合成立供应链公司首食本来。双方的合作，可聚合更多优质资源，从而抢占更大的市场盈利先机。

本来生活网负责人指出，供应链管理对于多数行业企业来说都至关重要，尤其是对于生鲜电子商务企业而言，它们的货损率较高，且在供货、冷链和配送等方面的布局短板都将成为制约消费者体验的因素。生鲜电子商务要保证用户体验，需要在产业链各环节进行布局，另外，渠道、选品、冷链物流和终端配送等多方面也是生鲜电子商务企业需要特别注意的方面。

“供应链管理对于生鲜电子商务企业的生存和发展具有重要作用。本来生活网希望借助此次与国企首农食品集团的合作，能实现双方的优势资源互补，从而进一步强化供应链管理水平。”本来生活网负责人说道。

（资料来源：南方企业新闻网．打造生鲜电商最强供应链！本来生活网与首农强强联合. http://www.senn.com.cn/ppzx/2018/08/08/264565.html）

物流在整个零售环节、供应链环节的作用越来越大，物流在供应链以及产业发展过程中占据了更多的话语权。随着信息化技术的成熟应用，新型的物流与供应链发展对零售的高效运营与成本节约起到了重大的作用。

模块一　物流概述

任何一次电子商务活动都包含了信息流、资金流、商流和物流，简称“四流”。物流是“四流”中必不可少的一部分，也是电子商务最终实现的重要保证。

任务一　物流的概念

物流是指物品从供给地向接收地的实体流动过程，主要包括物体的运输、仓储、包装、搬运装卸、流通加工、配送以及相关的物流信息等环节。

中国的国家标准《物流术语》（GB/T 18354－2006）将物流定义为：物流是物品从供应地向接收地的实体流动过程中，根据实际需要，由物品的包装、装卸搬运、运输、储存、流通加工、配送、物流信息等要素构成，也常称之为“物流的基本功能要素”。物流的基本功能要素如图 8-1 所示。

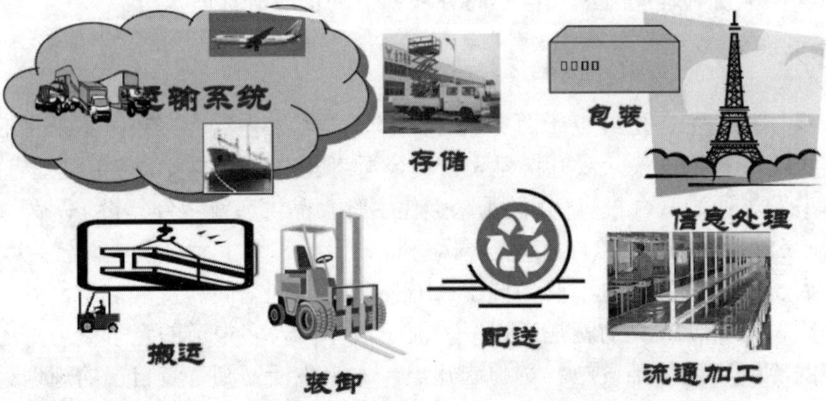

图 8-1　物流的基本功能要素

物流中的“物”是指一切拥有经济意义的物质实体，如物资、货物和商品等。“流”是一种物理性运动，既可以是同一地域、同一环境中的微观运动，也可以是地理性的大范围运动。物流就是物品从供应地向接收地的实体运动。

电子商务物流是指基于电子化、网络化的信息流、商流、资金流下的物资或服务的配送活动，包括数字化商品的网络传送和实体商品的物理传送。

任务二　物流的功能

（1）包装。包装大体可以分为工业包装和商业包装两大类。

工业包装也叫运输包装，纯属物流的范畴，主要目的是方便物资的运输、保管，提高装卸效率和装载率。工业包装如图 8-2 所示。

商业包装也叫零售包装，属于销售学研究的内容，是把商品分装成方便顾客购买和易于消费的商品单位。商业包装是通过精美的包装向消费者展示商品的内容和特征，最终促进销售。包装与物流的其他功能要素有着密切的联系，对物流合理化进程有着极为重要的推动作用。商业包装如图 8-3 所示。

图 8-2　工业包装

图 8-3　商业包装

（2）装卸搬运。装卸搬运是指为衔接物资的运输、储存、包装、流通加工等作业环节而进行的，以改变“物”的存放地点、支承状态或空间位置为目的的机械或人工作业过程。

（3）运输。运输是通过特定的设备和工具将物品从一个地方运送到另一个地方，目的是通过改变商品的空间位移从而创造商品的空间效用。

（4）储存。储存含有暂存和保管两层意思。物品通过储存活动满足了用户的需要，并在此过程中产生了时间效用。运输和储存是物流的两大支柱。

（5）流通加工。流通加工是在物品从生产者向消费者流动的过程中，为了促进销售、保护产品、提高物流运作效率，对物品进行包装、切割、分拣、组装等作业加工的过程。它使物品发生物理、化学或开关的变化，是流通中的一种特殊形式。

（6）配送。配送是按用户的订货要求，在物流节点完成分货和配货等作业后，将配好的货物送交收货人的物流过程。

（7）物流信息。物流信息包括进行与上述各项活动有关的各项活动的计划、预测以及对物流动态信息及与各项活动有关的活动。

任务三　物流的分类

物流活动无处不在，对于各个领域的物流，由于物流对象不同，物流目的不同，物流范围、范畴不同，形成了不同的物流类型。按照物流系统的作用和属性，物流可分为三大类。

（1）按物流系统的性质划分。

1）社会物流。社会物流也叫宏观物流，是以全社会经济大领域为范畴、面向广大用户的物流的整体。社会物流通常是由专门的物流承担人承担的。社会物流研究的是在再生产过程中随之发生的物流活动，研究国民经济中的物流活动，研究社会中物流体系结构和运行，因此带有宏观性和广泛性。

2）行业物流。行业物流指在一个行业内部发生的物流活动。同一行业中的企业是市场上的竞争对手，但是在物流领域中常常互相协作，共同促进行业物流系统的合理化。最终的行业物流系统化使得参与的各个企业都得到相应的利益。

3）企业物流。企业物流是指在企业经营内由生产或服务活动所形成的物流系统。它是从企业角度上研究与之有关的物流活动，是具体的、微观的物流活动的典型领域。

（2）按物流的作用分类。

1）供应物流。生产企业、流通企业或消费者购入原材料、零部件或商品的物流过程称为供应物流。企业供应物流既要实现保证供应的目标，又要在低成本、少消耗、高可靠性的限制条件下组织供应物流活动，因此难度很大。企业竞争的关键在于如何降低这一物流过程的成本，可以说是企业物流的最大难点。为此，企业供应物流就必须解决有效的供应网络、供应方式、零库存等问题。

2）销售物流。销售物流是企业为保证本身的经营效益，不断伴随销售活动，将产品所有权转给用户的物流活动。在现代社会中，市场是一个完全的买方市场，因此，销售物流活动便带有极强的服务性，以满足买方的需求，最终实现销售。在这种市场前提下，销售往往以送达用户并经过售后服务才算终止。因此，销售物流的空间范围很大，这便是销售物流的难度所在。在这种前提下，企业销售物流的特点，便是通过包装、送货、配送等一系列物流活动实现销售，这就需要研究送货方式、包装水平、运输路线等，并采取各种诸如少批量、多批次、定时、定量配送等特殊的物流方式达到目的。

3）生产物流。生产物流指企业在生产工艺中的物流活动。这种物流活动是与整个生产工艺过程伴生的，实际上已构成了生产工艺过程的一部分。企业生产过程的物流大体为：原料、零部件、燃料等辅助材料从企业仓库或企业的“门口”开始，进入生产线的开始端，再进一步随生产加工过程一个一个环节地流动，在流动的过程中，原料等本身被加工，同时产生一些废料、余料，直到生产加工终结，再流动至生产成品仓库，便终结了企业生产物流过程。对企业生产物流进行研究，可以大大缩减生产周期，节约劳动力。

4）回收物流。企业在生产、供应、销售的活动中总会产生各种边角余料和废料，这些东西回收是需要伴随物流活动的，而且，在一个企业中，如果回收物品处理不当，往往会影响整个生产环境，甚至影响产品的质量，也会占用很大空间，造成浪费。

5）废弃物物流。废弃物物流是指对企业排放的无用物进行运输、装卸、处理等的物流活动。废弃物物流没有经济效益，但是具有不可忽视的社会效益。

（3）按照物流活动的空间分类。

1）地区物流。在某一地区范围内开展的物流活动称为地区物流。

2）国内物流。为国家的整体利益服务，在国家自己的领地范围内开展的物流活动称为国内物流。

3）国际物流。国际物流是相对国内物流而言的，是不同国家之间进行的原材料与产品的流通。它是国内物流的延伸和进一步扩展，是跨国界的、流通范围扩大的物的流通，它是国际贸易的必然组成部分。国际物流是随着国际经济大协作、工业生产社会化和国际化的发展而产生的，跨国公司的发展使得一个企业的经济活动范畴可以遍布各国，国家之间原材料与产品的流通也随之发达。

任务四　电子商务与物流的关系

（1）物流是电子商务的重要组成部分。电子商务的任何一笔交易，都包含着商流、资金流、信息流、物流。商流、资金流与信息流的处理都可以通过计算机和网络通信设备实现。物流，作为“四流”中最为特殊的一种，是指物质实体的流动过程，具体指运输、储存、配送、装卸、保管、物流信息管理等各种活动。对于少数商品和服务来说，可以直接通过网络传输的方式进行配送，如各种电子出版物、信息咨询服务等。而对于大多数商品和服务来说，物流仍要经由物理方式传输。

（2）物流现代化是电子商务的基础。在电子商务中，商品生产和交换的全过程都需要物流活动的支持。没有现代化的物流运作模式支持，没有一个高效的、合理的、畅通的物流系统，电子商务所具有的优势就难以发挥。

（3）物流是实现电子商务的重要环节和基本保证。物流作为电子商务的重要组成部分，是实现电子商务的重要保证。离开了现代物流，电子商务过程就不完善。

1）物流保证生产的顺利进行。无论在传统的贸易方式下，还是在电子商务中，生产都是商品流通之本，而生产的顺利进行需要各类物流活动的支持。生产的全过程，从原料的采购开始，便要求有相应的供应物流活动将所采购的材料安排到位，否则，生产就难以进行；在生产的各工艺流程之间，也需要有原材料、半成品的物流过程，即所谓的生产物流，以实现生产的流动性；部分余料、可重复利用的物资的回收，也需要所谓的回收物流；废弃物的处理需要废弃物物流。可见，整个生产过程实际上包含了系列化的物流活动。合理化、现代化的物流，能通过降低费用来降低成本、优化库存结构、减少资金占压、缩短生产周期，从而保障了现代化生产的高效运行。相反，缺少了现代化的物流，生产将难以顺利进行，无论电子商务是多么便捷的贸易形式，仍将是无米之炊。

2）物流服务于商流。在商业活动中，商品所有权在购销合同签订的同时，便由供方转移到了需方，而商品实体并没有因此而到达需方。在电子商务条件下，顾客通过网络购物，完成了商品所有权的交割过程，但电子商务活动并未结束，只有商品和服务真正到达顾客手中，商务活动才终结。在整个电子商务活动中，物流实际上是以商流的后续者和服务者的姿态出现的。没有现代化的物流，电子商务活动只是一纸空文。

3）物流是实现以“顾客为中心”理念的根本保证。电子商务的出现，在最大程度上方便了最终消费者。他们不必到拥挤的商业街挑选自己所需的商品，而只要坐在家里，上网浏览、查看、挑选，就可以完成购物活动。但试想，消费者所购商品迟迟不能到货，或商家送的货非自己所购，那消费者还会上网购物吗?物流是电子商务实现以“顾客为中心”理念的最终保证，缺少现代化物流技术与管理，电子商务给消费者带来的便捷便不复存在，消费者必然会转向他们认为更为可靠的传统购物的方式上。

（4）物流是实施电子商务的关键。物流是完成商务活动的最终环节，是电子商务发展的瓶颈和最薄弱的一环。低效的物流会阻碍电子商务的发展，高效的物流则能促进电子商务的发展。

任务五 电子商务物流模式

目前，随着市场竞争的加剧，企业为了以较低的交付成本、更好的物流服务在国内、国际市场中赢得竞争优势，纷纷在节约物流成本、提高物流服务水平上下功夫。物流战略的制定越来越成为企业总体战略中不可分割的部分。目前，我国企业主要有三种物流模式：企业自营物流、第三方物流、自营与外包相结合的物流模式。除此以外，还有其他新型的物流模式，如第四方物流和绿色物流。

（1）自营物流模式。企业自营物流是指企业自身经营物流业务，组建全资或控股的子公司完成企业物流配送业务。

目前，在我国采取自营模式的电子商务企业主要有两类：一类是资金实力雄厚且业务规模较大的电子商务公司。电子商务在我国兴起的时候，国内第三方物流的服务水平远不能满足电子商务公司的要求。第二类是传统的大型制造企业或批发企业经营的电子商务网站，由于其自身在长期的传统商务中已经建立起初具规模的营销网络和物流配送体系，在开展电子商务时只需将其加以改进、完善，便可满足电子商务条件下对物流配送的要求。

对于电子商务企业，采用自营物流模式，由于其对自有业务了解、熟悉各方面的环境和业务环节，企业可以容易地对供应链进行管理，拥有很强的控制力，便于企业的供应链保持协调、顺畅与稳定。但是采用这种模式的不足之处在于会导致巨大的资源投入，给企业带来较大的压力。

（2）第三方物流模式。第三方物流（Third-Party Logistics，简称 3PL 或 TPL）是指由物流劳务的供方、需方之外的第三方去完成物流服务的物流运作方式。它是由相对“第一方”发货人和“第二方”收货人而言的第三方专业企业来承担企业物流活动的一种物流形态。第三方物流公司通过与第一方或第二方的合作来提供其专业化的物流服务，它不拥有商品，不参与商品买卖，而是为顾客提供以合同约束、以结盟为基础的系列化、个性化、信息化的物流代理服务。第三方物流的发展程度反映和体现着一个国家物流业发展的整体水平。

当今竞争日趋激化和社会分工日益细化的大背景下，第三方物流具有明显的优越性，具体表现在以下方面。

1）企业集中精力于核心业务。由于任何企业的资源都是有限的，很难成为业务上面面俱到的专家。为此，企业应把自己的主要资源集中于自己擅长的主业，而把物流等辅助功能留给物流公司。

2）灵活运用新技术，实现以信息换库存，降低成本。

3）减少固定资产投资，加速资本周转。企业自建物流需要投入大量的资金购买物流设备，建设仓库和信息网络等专业物流设施。这些资源对于缺乏资金的企业特别是中小企业是个沉重的负担。如果使用第三方物流公司，不仅可以减少设施的投资，还解放了仓库和车队方面的资金占用，加速了资金周转。

4）提供灵活多样的顾客服务，为顾客创造更多的价值。

当然，与自营物流相比较，第三方物流在为企业提供上述便利的同时，也会给企业带来诸多的不利，主要表现在以下方面。

①企业不能直接控制物流职能。

②企业不能保证供货的准确和及时。

③企业不能保证顾客服务的质量和维护与顾客的长期关系。

④企业将放弃对物流专业技术的开发等。比如，企业在使用第三方物流时，第三方物流公司的员工经常与客户发生交往，此时，第三方物流公司会通过在运输工具上喷涂自己的标志或让公司员工穿着统一服饰等方式来提升第三方物流公司在顾客心目中的整体形象从而取代该企业的地位。

（3）自营与外包相结合的物流模式。自营与外包相结合的物流模式是企业拥有一部分物流资源，但是不能满足商务扩展的需要，其余部分则采用外包给专业物流公司的方法。

（4）第四方物流。第四方物流（Fourth-Party Logistics，简称 4PL 或 FPL）是指通过调集和管理组织自己的以及具有互补性的服务提供商的资源、设施和技术，提出一个综合的方案设计、实施办法和解决途径的业务模式。它是在第三方物流基础上的进化和发展。其主要功能如下：

1）供应链管理功能。管理从货主、托运人到用户、顾客的供应全过程。

2）运输一体化功能。负责管理运输公司、物流公司之间在业务操作上的衔接与协调。

3）供应链再造功能。根据货主、托运人在供应链战略上的要求，及时改变或调整战略战术，保证产品得以更快、更好、更廉地送到需求者手中。

同第三方物流相比，第四方物流服务的内容更多、覆盖的地区更广，对从事物流服务的货运公司要求更高。在当今世界经济形式下，货主、托运人越来越追求供应链的全球一体化，以适应跨国经营的需要。跨国公司也要集中精力于核心业务，其物流业务必须更多地依赖于外包。它不只是在操作层面上进行外协，在战略层面上也需要借助外界的力量，以期得到更好的物流服务。

（5）绿色物流。绿色物流（Environmental Logistics）是指在物流过程中抑制物流对环境造成危害的同时，实现对物流环境的净化，使物流资源得到最充分的利用。它包括物流作业环节和物流管理全过程的绿色化。从物流作业环节来看，包括绿色运输、绿色包装、绿色流通加工等。从物流管理过程来看，主要是从环境保护和节约资源的目标出发，改进物流体系，既要考虑正向物流环节的绿色化，又要考虑供应链上的逆向物流体系的绿色化。绿色物流的最终目标是可持续性发展，实现该目标的准则是经济利益、社会利益和环境利益的统一。

模块二 电子商务物流系统

任务一 电子商务物流系统的组成

物流系统是指在一定的时间和空间内，由所需输送的物料和包括有关设备、输送工具、仓储设备、人员以及通信联系等若干相互制约的要素构成的具有特定功能的有机整体。电子商务物流系统由物流作业系统和物流信息系统两个子系统组成。电子商务物流系统的组成如图 8-4 所示。

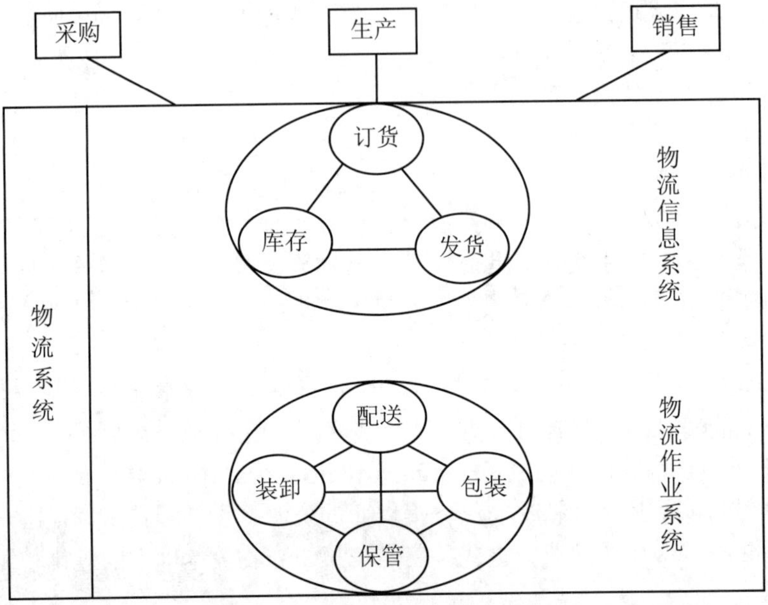

图 8-4　电子商务物流系统的组成

（1）物流作业系统。物流作业系统指在商品的运输、保管、输送、搬运、包装、流通加工作业中使用先进的手段和技术，将生产据点、物流据点、运输配送路线和运输手段组成一个合理有效的网络系统，并以此来提高物流的效率。

（2）物流信息系统。物流信息系统指在保证商品的采购订货、进货、库存保管、出货和商品配送过程的信息畅通的基础上，使通信据点、通信线路、通信手段网络化，从而提高物流作业的效率。

物流信息系统是建立在物流信息的基础上的，只有具备了大量的物流信息，物流信息系统才能发挥作用。

物流信息系统是提高物流运作效率，降低物流总成本的重要基础设施，包括以下几个主要方面。

1）订单处理系统。订单处理系统是办理从客户处接受订单、准备货物、明确交货时间、交货期限、剩余货物管理等作业的系统。接受订货处理是物流活动的第一步，为了迅速准确地将商品送到，必须准确迅速地办理接受订单的各种手续，高效有序地处理各种订单。

2）订货系统。订货系统是在库存不合理时，根据需求信息，适时适量地调整订货，防止缺货或库存过多的系统。

3）收货系统。收货系统指根据收货预定信息，对收到的货物进行检验，与订货要求进行核对无误之后计入库存、指定货位等的收货管理系统。

4）仓储管理系统。仓储管理系统是一个实时的计算机软件系统，它能够按照运作的业务规则和运算法规，对信息、资源、行为、存货和分销运作进行有效地管理，使其最大化满足有效产出和精确性的要求。

5）配送系统。配送系统是将商品按配送方案进行分类，制订车辆调配计划、配送路线计划的系统。

6）发货系统。发货系统是一种与订货系统、仓储管理系统互动，向保管场所发出发货指令或根据不同的配送方案进行分类的系统。

任务二　物流信息管理的技术手段

（1）条形码技术。条形码技术是在计算机应用中产生发展起来的一种广泛应用于商业、邮政、图书管理、仓储、工业生产过程控制、交通运输、包装、配送等领域的自动识别技术。

条形码是由一组规则排列的条、空及其对应字符组成的，用以表示一定信息的标识。条形码技术的核心内容是利用光扫描设备识读条码符号，从而实现机器的自动识别，并快速准确地将信息录入计算机进行数据处理，以达到自动化管理的目的，是实现快速、准确而可靠地采集数据的有效手段。条形码技术的使用解决了数据录入和数据采集的“瓶颈”问题，为供应链管理提供了有力的技术支持。所以它不但在商品流通领域得到广泛应用，在其他领域如邮电、银行、图书馆、物流管理，甚至当今最热门的电子商务，产、供、销一体化的供应链管理中都得到广泛的应用。所以还有很多用于管理的条码也应运而生，如 128 条码，39 码、交叉二五码、CODABAR 码、EAN-13 码等。国际上通过的和公认的物流条码主要是 UPC 条形码和 EAN 条形码。

近几年在移动设备上流行的一种编码方式是二维条码，它比传统的条形码能存更多的信息，也能表示更多的数据类型。它是用某种特定的几何图形按一定规律在平面（二维方向）上分布的黑白相间的图形记录数据符号信息的，通过图像输入设备或光电扫描设备自动识读以实现信息自动处理，同时还具有对不同行的信息自动识别功能及处理图形旋转变化等特点。商品一维条码和 QR code 二维条码分别如图 8-5 和图 8-6 所示。

图 8-5　一维条码（EAN-13 码）

图 8-6　二维条码（QR code）

条形码是迄今为止最经济、实用的一种自动识别技术。条形码技术具有以下几个方面的优点。

1）输入速度快。与键盘输入相比，条形码输入的速度是键盘输入的 5 倍，并且能实现即时数据输入。

2）可靠性高。键盘输入数据，出错率为三百分之一；利用光学字符识别技术，出错率为万分之一；而采用条形码技术，误码率低于百万分之一。

3）采集信息量大。利用传统的一维条形码一次可采集几十位字符的信息，二维条形码更可以携带数千个字符的信息，并有一定的自动纠错能力。

4）灵活实用。条形码标识既可以作为一种识别手段单独使用，也可以和有关识别设备组成一个系统以实现自动化识别，还可以和其他控制设备连接起来实现自动化管理。

（2）无线射频技术。无线射频（Radio Frequency，RF）是利用无线电波对带有信息数据的媒体进行读写，并自动输入计算机的一种自动识别技术。射频技术相对于传统的磁卡及 IC

卡技术具有非接触、阅读速度快、无磨损等特点。无线射频技术在阅读器和射频卡之间进行非接触双向数据传输，以达到目标识别和数据交换的目的。与传统的条形码、磁卡及 IC 卡相比，射频卡具有非接触、阅读速度快、无磨损、不受环境影响、寿命长、便于使用的特点和具有防冲突功能，能同时处理多张卡片。

典型的射频识别（Radio Frequency Identification，RFID）系统由阅读器与电子标签及数据交换管理系统三个部份所组成。电子标签是射频识别系统的数据载体，由标签天线和标签专用芯片组成。阅读器通过天线与电子标签进行无线通信，可以实现对标签识别码和内存数据的读出或写入操作。射频识别技术工作原理如图 8-7 所示。

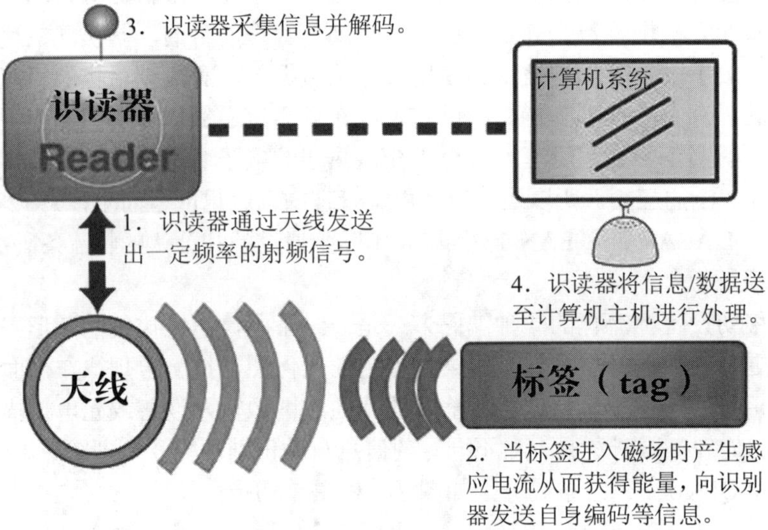

图 8-7 射频识别技术工作原理

射频技术在物流配送中的应用可分为商品的入库、出库、存储、运输跟踪、配送等。RFID 可以加快供应链的运转，提高物流管理的效率。

1）商品出库与入库。物资配送中心所派车队进入仓储中心时通过门禁，阅读器读取到射频标签信息并在仓储中心系统中显示此时车队所载物资为空。车队装载物资完毕离开发物仓库时再次通过门禁，物流系统将出库物资信息写入系统数据库中并上报给物资配送中心，这样就等于射频标签承载了其所运物资的相关信息，自动完成物资出库，此时运送物资的车辆和物资进入在途状态。运输车队到达收物仓库时再次通过门禁，阅读器读取到射频标签中的信息后传输给仓储中心系统，系统即显示待入库物资的相关信息并写入数据库，自动完成物资入库，并上报给物资配送中心，通知物流配送中心配送任务已经完成。

2）存储与库存盘点。在仓库里，射频技术最广泛的应用是存取货物与库存盘点，它能用来实现自动化的商品的登记、存货和取货等操作。在仓储管理中，通过将供应计划系统与射频识别技术相结合，能够高效地完成各种操作。可增强作业的准确性和快捷性，提高服务质量，降低成本，减少物流中由于偷窃、损害、出货错误等造成的损耗，实现快速供货并最大限度地减少储存成本。

3）运输跟踪。在运输管理中，通过在货物和车辆上贴 RFID 标签，完成设备的跟踪控制。接收装置收到 RFID 标签信息后，连同接收地的位置信息上传至通信卫星，再由卫星传送给运输调度中心，送入数据库中。利用射频技术可准确、迅速地完成配送任务并实现对在途物资的跟踪。在物资运输期间，物资配送中心根据发/收物仓储中心上报的数据可知在途物资的名称、品种和数量等信息，达到在途物资的可见性。

4）物流配送。在配送环节，采用射频技术能大大加快配送的速度和提高拣选与分发过程的效率与准确率，并能减少人工、降低配送成本。到达中央配送中心的所有商品都贴有 RFID 标签，在进入中央配送中心时，托盘通过一个门阅读器，读取托盘上所有货箱上的标签内容。系统将这些信息与发货记录进行核对，以检测出可能的错误，然后将 RFID 标签更新为最新的商品存放地点与状态。这样就确保了精确的库存控制，甚至可确切了解目前有多少货箱处于转运途中、转运的始发地和目的地，以及预期的到达时间等信息。RFID 技术可以实现合理的产品库存控制和智能物流技术。借助电子标签，可以实现商品对原料、半成品、成品、运输、仓储、配送、上架、最终销售，甚至退货处理等环节进行实时监控，使整个供应链管理显得透明而高效。

（3）EDI。EDI，即电子数据交换。是由国际标准化组织（International Organization for Standardization，ISO）推出使用的国际标准，是指一种为商业或行政事务处理，按照一个公认的标准，形成结构化的事务处理或消息报文格式，从计算机到计算机的电子传输。现代物流中所用的电子数据交换主要应用于单证的传递、货物送达的确认等。现代物流中应用电子数据交换的单证种类有采购单、询价单、采购订单、提单、发票、到货通知单、交货确认单等。这些活动几乎占了商业交易正式通信量的 80%。在物流领域应用 EDI 的目的如下：

1）简化工作程序和信息流，大量削减纸制单证、单据工作量，实现无纸化贸易。

2）消除重复和交接作业中可能造成的错误，提高作业质量。

3）使物流作业程序与贸易、运输与后勤保障等方面更加紧密地联系起来，满足便利性、快捷性、可靠性等要求。

4）将不可避免的政府机关监控措施，如“一关三检”和其他间隔所造成的延误尽可能降低到最小。

5）降低物流全过程文件及作业成本。

6）在物流企业与用户之间建立长期贸易伙伴关系。

（4）GPS。GPS（Global Positioning System，全球定位系统）始于 1958 年美国军方的一个项目，1964 年投入使用。20 世纪 70 年代，美国陆海空三军联合研制了新一代卫星定位系统 GPS，主要目的是为陆海空三大领域提供实时、全天候和全球性的导航服务，并用于情报搜集、核爆监测和应急通信等一些军事目的。

GPS（图 8-8）一般包括三大部分：空间星座部分、地面控制部分和用户设备部分。

1）空间星座部分。GPS 定位系统的空间部分是由 24 颗 GPS 工作卫星所组成的，这些 GPS 工作卫星共同组成了 GPS 卫星星座，其中 21 颗为可用于导航的卫星，3 颗为活动的备用卫星。

2）地面控制部分。GPS 定位系统的控制部分分布在全球的由若干个跟踪站所组成的监控系统所构成，根据其作用的不同，这些跟踪站又被分为主控站、监控站和注入站。

3）用户设备部分。GPS 定位系统的用户部分主要由 GPS 接收机和卫星天线组成。其主要功能是捕获到待跟踪的卫星信号后，即可测量出接收天线至卫星的伪距离和距离的变化率，解调出卫星轨道参数等数据。根据这些数据，接收机中的微处理计算机就可按定位解算方法进行定位计算，计算出用户所在地理位置的经纬度、高度、速度、时间等信息。

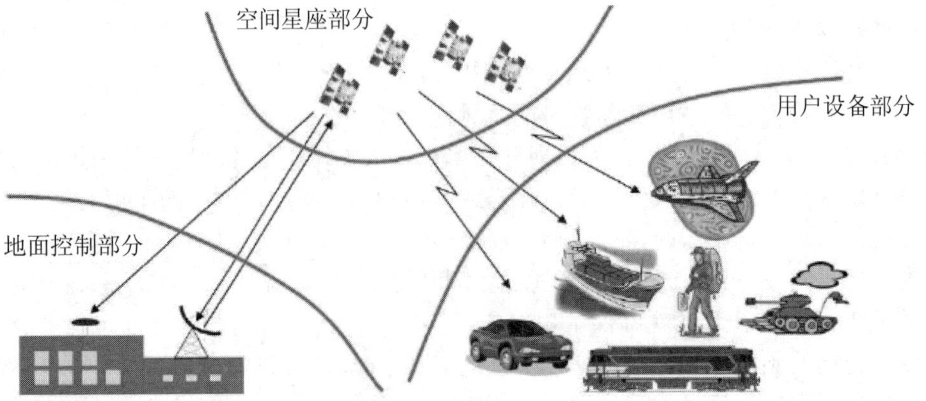

图 8-8　GPS 的组成

GPS 与电子地图、无线电通信网络及计算机车辆信息管理系统相结合，可以实现车辆跟踪和交通管理等许多功能，这些功能如下：

1）车辆跟踪。利用 GPS 和电子地图可以实时显示车辆的实际位置，并任意放大、缩小、还原、换图；可以随目标移动，使目标始终保持在屏幕上；还可实现多窗口、多车辆、多屏幕同时跟踪。利用该功能可对重要车辆和货物进行跟踪运输。

2）提供出行路线规划和导航。提供出行路线规划是汽车导航系统的一项重要辅助功能，包括自动线路规划和人工线路设计。自动线路规划是由驾驶者确定起点和目的地，由计算机软件按要求自动设计最佳行驶路线，包括最快的路线、最简单的路线、通过高速公路路段次数最少的路线等的计算。人工线路设计是由驾驶者根据自己的目的地设计起点、终点和途经点等，自动建立线路库。线路规划完毕后，显示器能够在电子地图上显示设计线路，并同时显示汽车运行路径和运行方法。

3）信息查询。为用户提供主要物标，如旅游景点、宾馆、医院等数据库，用户能够在电子地图上根据需要进行查询。查询资料可以用文字、语言及图像的形式显示，并在电子地图上显示其位置。同时，监测中心可以利用监测控制台对区域内的任意目标所在位置进行查询，车辆信息将以数字形式在控制中心的电子地图上显示出来。

4）话务指挥。指挥中心可以监测区域内车辆运行状况，对被监控车辆进行合理调度。指挥中心也可随时与被跟踪目标通话，实行管理。

5）紧急援助。通过 GPS 和监控管理系统可以对遇有险情或发生事故的车辆进行紧急援助。监控台的电子地图显示求助信息和报警目标，规划最优援助方案，并以报警声光提醒值班人员进行应急处理。

（5）GIS。GIS（Geographic Information System，地理信息系统）是以地理空间数据库为基础，在计算机软、硬件环境的支持下，对空间相关数据进行采集、存储、管理、操作、分析、模拟和显示，并采用地理模型分析方法，适时提供多种空间和动态的地理信息，为地理研究、综合评价、科学管理、定量分析和决策服务而建立的一类计算机应用系统。

GIS 主要应用于物流分析，它具有强大的地理数据功能，能帮助物流分析技术的进一步完善。

把 GIS 技术融入物流配送的过程，就能更容易地处理物流配送中货物的运输、仓储、装卸、送递等各个环节，并对其中涉及的问题如运输路线的选择、仓库位置的选择、仓库的容量设置、合理装卸策略、运输车辆的调度和投递路线的选择等进行有效的管理和决策分析，这样才符合现代物流的要求，有助于物流配送企业有效地利用现有资源，降低消耗，提高效率。实际上，随着电子商务、物流和 GIS 本身的发展，GIS 技术将成为全程物流管理中不可缺少的组成部分。

完整的 GIS 物流配送系统应集成以下主要模型：设施定位模型、车辆路线模块、网络物流模型、分配集合模型、客户配送排序模型。

1）设施定位模型。设施定位模型用于确定一个或多个设施的位置。在物流系统中，仓库和运输路线共同组成了物流网络，仓库处于网络的节点上，节点决定着线路；如何根据供求的实际需要并结合经济效益等原则在既定区域内设立多少个仓库、确定每个仓库的位置和规模以及仓库之间的物流关系等，运用此模型均能很容易地得到解决。

2）车辆路线模型。车辆路线模型用于解决一个起始点、多个终点的货物运输中，如何降低物流作业费用，并保证服务质量的问题。

3）网络物流模型。网络物流模型用于解决寻求最有效的分配货物路径问题，也就是物流网点布局问题。如将货物从 *N* 个仓库运往到 *M* 个商店，每个商店都有固定的需求量，因此需要确定由哪个仓库提货送给哪个商店，使用多少辆车，每辆车的路线，确保所耗费的运输代价最小。

4）分配集合模型。根据各个要素的相似点把同一层上的所有或部分要素分为几个组，用以解决确定服务范围和销售市场范围等问题。例如某一企业要设立 *Y* 个分销点，要求这些分销点要覆盖某一地区，并且要使得每个分销点的顾客数目大致相等。

5）客户配送排序模型。客户配送排序模型可以查询以某一商业网点为圆心的某半径内配送点的数目，并从查询的结果中找出距离此商业网点最近的配送中心，为安排配送做准备。

模块三　电子商务供应链管理

任务一　供应链管理产生的背景和内容

随着计算机技术和通信技术的迅猛发展和国内外经济大环境的不断完善，电子商务迅速发展起来。在企业的活动中，供应商、制造商、零售商和客户以“链”的形式连接在一起，形成一条不可分割的、能共享技术和资源的业务流程。

供应链（Supply Chain）是指围绕核心企业，通过对信息流、物流、资金流的控制，从原材料的采购到中间产品及最终产品的制造，最后通过销售网络将产品送到消费者手中的这一过程涉及的供应商、生产制造商、分销商、零售商直至最终用户组成的一个供需网络。供应链的结构模型如图 8-9 所示。

供应链管理就是指对整个供应链系统进行计划、协调、操作、控制和优化的各种活动和过程。目标是要将顾客所需的正确的产品能够在正确的时间、按照正确的数量、正确的质量和正确的状态送到正确的地点，并使总成本最佳化。

供应链管理的目标是在满足客户需要的前提下，对整个供应链（从供货商、制造商、分销商到消费者）的各个环节进行综合管理，包括对从采购、物料管理、生产、配送、营销到消费者的整个供应链的货物流、信息流和资金流的合理化和优化，把物流与库存成本降到最小，从而提高整条供应链的竞争能力。

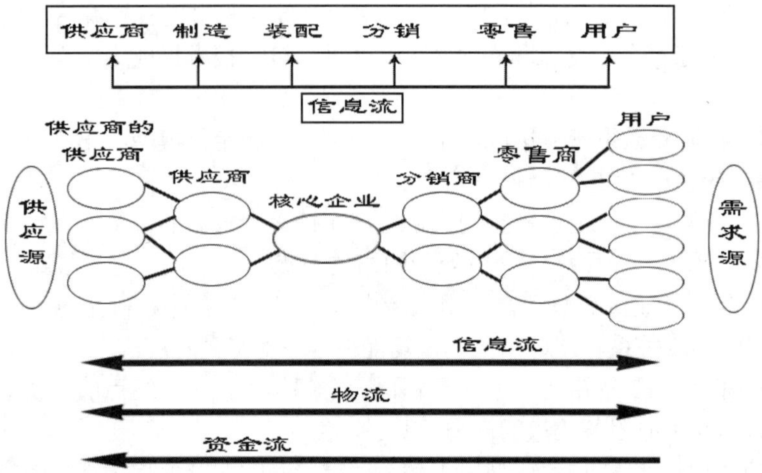

图 8-9 供应链的结构模型

供应链管理起源于 20 世纪 80 年代后期，是在工业发达国家兴起并迅速发展的一种全新的管理思想和实践。全球性的竞争使得市场变化太快，单个企业依靠自己的资源进行自我调整的速度赶不上市场变化的速度。以虚拟企业或动态联盟为基础的敏捷制造模式的提出为供应链管理奠定了理论基础，并形成了一种新的企业经营模式。

供应链管理的基本思想是：任何一个企业都不可能在所有业务上成为世界上最杰出的企业，只有优势互补，才能共同增强竞争实力。供应链管理提出的时间虽然不长，但是已经引起了许多学者和企业界人士的广泛关注。从 20 世纪 80 年代以来，工业发达国家中有近 80%的企业放弃了“纵向一体化”模式，取而代之转向全球制造和全球供应链管理这一新的经营管理模式，使供应链从一种作业性的管理工具上升为管理性的方法体系。

由此可见，供应链管理已成为进入 21 世纪之后企业适应全球竞争的一个有效途径。因此，21 世纪的竞争不是企业与企业之间的竞争，而是供应链之间的竞争。

任务二 供应链管理的基本特征

供应链管理的基本特征可归纳为以下几方面。

第一，“横向一体化”的管理思想。供应链管理强调企业的核心竞争力，为此，每个企业要清楚本企业的核心业务是什么，集中企业的优势资源发展核心业务，以提高核心竞争力。

第二，非核心业务都采取外包的方式外包给业务伙伴，和业务伙伴结成战略联盟关系。

第三，供应链企业间形成的是一种协作性竞争。所谓协作性竞争，可以从两个层面进行理解。一是过去的竞争对手相互结盟，共同开发新技术，成果共享；二是将过去由本企业生产的非核心零部件外包给供应商，双方合作共同参与竞争。这也体现了企业间核心竞争力的互补效应。

第四，以顾客满意度作为目标的服务化管理。对下游企业来讲，供应链上游企业的功能不是简单的提供物料，而是要用最低的成本提供最好的服务。

第五，供应链追求物流、信息流、资金流、工作流和组织流的集成。这几个流在企业日常经营中都会发生，但过去是间歇性或者间断性的，因而会影响企业间的协调，最终导致整体竞争力下降。供应链管理则强调这几个“流”必须集成起来，只有跨企业流程实现集成化，才能实现供应链企业协调运作的目标。

第六，借助信息技术实现目标管理。

第七，更加关注物流企业的参与。在供应链管理环境下，物流的作用特别重要，因为缩短物流周期比缩短制造周期更有效。

任务三　电子商务与供应链的关系

简单地说，供应链是一种存在于企业与客户之间、企业与企业之间，以及企业内部的联系网络。它最终达到生产、采购、库存、销售及财务和人力资源管理的全面集成，令物流、信息流、资金流发挥最大的效果，把理想的供应链运作变为现实。

电子商务的应用促进了供应链的发展，也弥补了传统供应链的不足。从基础设施的角度看，传统的供应链管理一般建立在私有专用网络上，需要投入大量资金，只有一些大型的企业才有能力进行自己的供应链建设，并且这种供应链缺乏柔性。而电子商务使供应链可以共享全球化网络，使中小型企业以较低的成本加入全球化供应链中。

从通信的角度来看，通过先进的电子商务技术和网络平台，可以灵活地建立起多种组织间的电子连接，从而改善商务伙伴间的通信方式，将供应链上企业各个业务环节“孤岛”联结在一起，使业务和信息实现集成和共享，使一些先进的供应链管理方法变得切实可行。

（1）电子商务为供应链管理提供了技术支持。电子商务为供应链管理开辟了一个崭新的世界，全面采用计算机和网络支持企业及其客户之间的交易活动，包括产品销售、服务、支付等。

（2）电子商务提高了供应链管理的效率。电子商务的应用技术，可以帮助供应链对大量的信息资源进行有效的管理，提供整个供应链的运作效率。

（3）电子商务帮助企业发展战略伙伴关系。电子商务帮助企业拓展市场，拉近企业与客户之间的距离。同时电子商务促进企业合作，建立企业与客户之间业务流程的无缝集成，最终达到生产、采购、库存、销售以及财务和人力资源管理的全面集成，令物流、信息流、资金流发挥最大效果，把理想的供应链运作变为现实。

任务四　电子商务环境下的供应链管理

优化供应链管理，不仅需要高效快速的物流、资金流，更重要的是需要快速、精确、可行的信息流，而电子商务的发展，正为信息流的快速、准确提供了保证。

利用电子商务技术优化供应链管理，首先要完成企业内部业务流程的一体化，然后再向企业外的合作伙伴延伸，实现信息共享，最终达到生产、采购、库存、销售及财务和人力资源管理的全面集成，令物流、信息流、资金流发挥最大作用，把理想的供应链运作变为现实。因此，电子商务环境下的供应链管理的核心功能可以归纳为以下几个方面。

（1）动态联盟的系统化管理。动态联盟是企业为了快速响应出现或即将出现的市场机遇，联合不同地域、不同工作性质的其他企业所组成的暂时的利益共同体。随着经济全球化和计算机技术的发展，越来越多的企业开始认识到单凭企业自身的力量很难在激烈的市场竞争环境中求得生存和发展。于是，各企业纷纷从对立竞争走向大规模的合作竞争，建立企业动态联盟。尽管动态联盟能增强企业的竞争优势并为企业创造更多的价值，但企业动态联盟的系统管理是很复杂的。一般而言，需要通过选择合作伙伴、建立联盟组织结构和信任关系、营造合作文化氛围来加强动态联盟的系统化管理。

（2）生产资源的优化管理。电子商务和商品同质化的发展，使得不同生产领域、不同生产环节的企业在各自的微战略环节上努力保持个体与企业群体的一致。因此，企业在采购环节进行了优化管理；同时在生产制造环节上更注重引进各种科学管理方法，使得企业内部管理变得更加精益求精。

（3）不确定性需求的信息共享管理。由于顾客需求的多样化、个性化和动态化，供应商不能准确了解顾客需求的真实变化，只能不断根据顾客需求变化来调整自己向上一级供应商的定货量，这样逐级向上调整，消费者需求的微小变化会通过供应链放大成巨大的波动，这就是牛鞭效应。牛鞭效应实际上是供应链各成员之间缺乏信息交流、有关顾客需求的实时信息无法及时反馈的结果。要解决牛鞭问题，关键是要加强信息管理实现信息共享，否则有可能导致动态联盟的崩溃。近年来，ERP（Enterprise Resourse Plan，企业资源计划）系统、EDI和互联网等关键技术的发展和应用为供应链成员间的信息传递与信息共享提供了技术和网络支持。尽管利用信息技术，供应链成员获得了相互有用的信息资源，为信息交流提供了保证，但供应链成员不愿意与他人共享敏感信息，信息不对称性问题仍然存在。供应链的管理效率取决于企业之间的协调，而协调的优劣又取决于信息分享的效果。要解决这个问题，必须建立集成化的信息管理系统，增加供应链成员获得信息的及时性与可见度，提高需求预测精度。同时，还应加强供应链成员间的关系协调，促进他们共享关键信息。

（4）生产的敏捷化管理。面对激烈的竞争，供应链中任何一个企业的产品战略都应该是“自灭自新”，通过主动创造新产品、淘汰旧产品来创造优势。而在电子商务时代，供应链管理可以依靠持续获取短暂的竞争优势来创造持续的竞争优势。因此，缩短产品的上市周期便成为在日趋激励的市场竞争中获胜的关键。而上市周期的缩短则要求供应链管理必须着眼于从产品研发周期、加工制造周期直至流通配送周期全过程的缩短。

任务五　供应链管理的方法

1. 快速反应

快速反应是 20 世纪 80 年代首先在美国的纺织、服装行业发展起来的。它的目的是减少原材料到销售点的时间和整个供应链上的库存，最大限度地提高供应链的运作效率。快速反应的发展可以分为三个阶段。

第一阶段：所有商品单元条码化，利用 EDI 技术传输订购单报文和发票报文。

第二阶段：在第一阶段的基础上增加与内部业务处理有关的策略，如自动补库存与商品即时出售等，并采用 EDI 传输更多的报文，如发货通知报文、收货通知报文等。

第三阶段：与贸易伙伴密切合作，采用更高级的快速反应策略，以对客户的需求做出快速反应。一般来说，企业内部业务的优化相对来说较为容易，但在贸易伙伴间进行合作时，往往会遇到诸多障碍，在快速反应实施的第三阶段，每个企业必须把自己当成集成供应链系统的一个组成部分，以保证整个供应链的整体效益。

2. 有效客户反应

有效客户反应是在食品杂货分销系统中，分销商和供应商为消除系统中不必要的成本和费用，给客户带来更大效益而进行密切合作的一种供应链管理策略。

有效客户反应的最终目标是建立一个具有高效反应能力和以客户需求为基础的系统，使零售商及供应商以业务伙伴方式合作，提高整个食品杂货供应链的效率。

通过有效客户反应，零售商无须签发订购单即可实现订货，供应商则可利用有效客户反应的连续补充技术，随时满足客户的补货需求，使零售商的存货保持在最优水平，从而提供高水平的客户服务，并进一步加强与客户的关系。有效客户反应系统示意如图 8-10 所示。

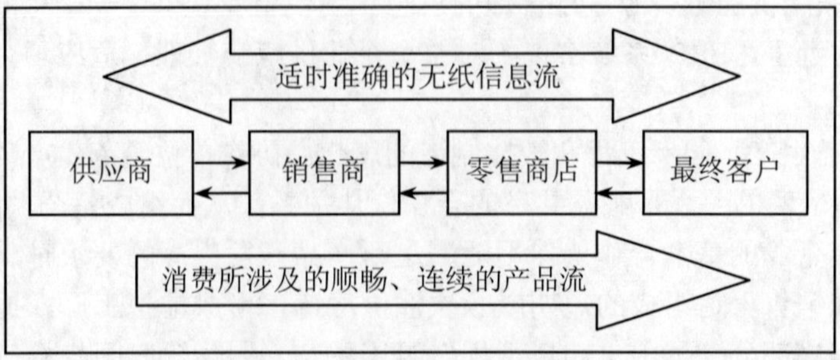

图 8-10　有效客户反应系统示意

3. 电子订货系统

电子订货系统是指企业间利用通信网络（VAN 或互联网）和终端设备以在线连接方式进行订货作业和订货信息交换的系统。

电子订货系统是由许多零售库和许多批发商组成的大系统，整个运作方式建立在零售店的终端上，利用条码阅读器获取准备采购的商品条码，并在终端机上输入订货信息，利用网络传到批发商的计算机中，批发商开出提货传票，并根据传票同时开出拣货单、实施拣发，然后依据送货传票进行商品发货。电子订货系统的操作流程如图 8-11 所示。

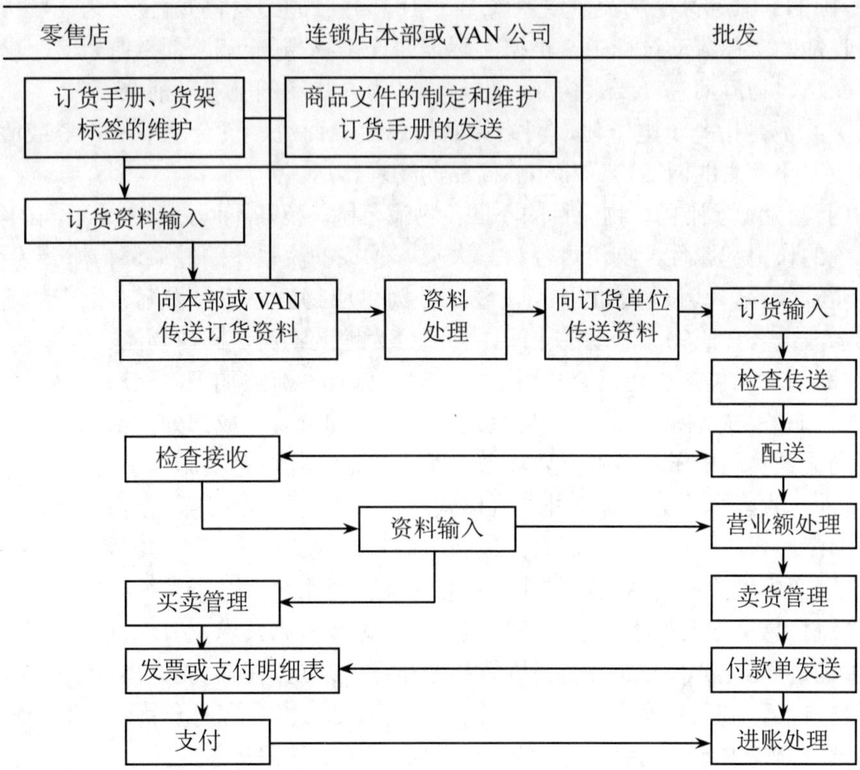

图 8-11　电子订货系统的操作流程

4. 企业资源计划

企业资源计划系统的核心管理思想就是实现对整个供应链的有效管理，主要体现在三个方面。

（1）体现对整个供应链资源进行管理的思想。现代企业竞争是一个企业供应链与另一个企业供应链之间的竞争，ERP 系统实现了对整个企业供应链管理，适应了企业在电子商务时代市场竞争的需要。

（2）体现精益生产、同步工程和敏捷制造的思想。协作单位纳入生产体系，企业同其销售代理、客户和供应商的关系是利益共享的合作伙伴关系，从而组成整个供应链。

敏捷制造是当企业的基本合作伙伴不能满足新产品开发生产的要求时，企业会组成一个由特定的供应商和销售渠道组成的短期或一次性供应链，形成虚拟工厂，把供应和协作单位看成企业的一个组成部分，运用“同步工程”组织生产，用最短时间将将产品打入市场，时刻保持高质量、多样化和灵活性。

（3）体现事先计划与事中控制的思想。企业资源计划系统通过定义与事物处理相关的会计核算科目与核算方式，以便在事物处理发生时自动生成会计核算分录，保证了资金流与物流的同步处理和数据的一致性，从而根据财务资金现状可以追溯资金的来龙去脉，并可以进一步追溯所发生的相关业务活动，改变了资金信息滞后于物料信息的状况，便于实现事中控制和实时做出决策。

知识小结

（1）中国的国家标准《物流术语》（GB/T 18354－2006）将物流定义为：物流是物品从供应地向接收地的实体流动过程中，根据实际需要，由物品的包装、装卸搬运、运输、储存、流通加工、配送、物流信息等要素构成，也常称之为“物流的基本功能要素”。

电子商务物流是指基于电子化、网络化的信息流、商流、资金流下的物资或服务的配送活动，包括数字化商品的网络传送和实体商品的物理传送。

（2）由于物流对象不同，物流目的不同，物流范围、范畴不同，形成了不同的物流类型。按照物流系统的作用和属性，物流可分为三大类：①按物流系统的性质，物流分为社会物流、行业物流、企业物流；②按物流的作用，物流分为供应物流、销售物流、生产物流、回收物流、废弃物物流；③按照物流活动的空间，物流分为地区物流、国内物流、国际物流。

（3）物流的功能包括包装、装卸搬运、运输、储存、流通加工、配送、物流信息。

（4）电子商务与物流的关系是：物流是电子商务的重要组成部分；物流现代化是电子商务的基础；物流是实现电子商务的重要环节和基本保证；物流是实施电子商务的关键。

（5）目前，我国企业主要有三种物流模式：自营物流模式、第三方物流模式、自营与外包相结合的物流模式。除此以外，还有其他新型的物流模式：第四方物流和绿色物流。

（6）电子商务物流系统由物流作业系统和物流信息系统两个子系统组成。

（7）物流信息管理的技术手段有条形码技术、无线射频技术、EDI、GPS、GIS。

（8）供应链（Supply Chain）是指围绕核心企业，通过对信息流、物流、资金流的控制，从采购原材料开始，制成中间产品及最终产品，最后由销售网络把产品送到消费者手中这一过程涉及的供应商、生产制造商、分销商、零售商直至最终用户组成的一个供需网络。

供应链管理就是指对整个供应链系统进行计划、协调、操作、控制和优化的各种活动和过程，其目标是要将顾客所需的正确的产品能够在正确的时间、按照正确的数量、正确的质量和正确的状态送到正确的地点，并使总成本最佳化。

知识巩固

一、名词解释

物流　　电子商务物流　　第三方物流　　第四方物流　　供应链　　供应链管理

二、单项选择题

1．下列对于物流中的“物”的说法，正确的是（　　）。

A．人们生活所需的生活物资

B．进行生产活动的劳动资源

C．一切拥有经济意义的物质资料

D．用于社会生产和消费的自然资源

2．下列不属于物流的基本功能的是（　　）。

A．运输　　B．配送　　C．储存　　D．制造

3．下列属于按物流系统的性质对物流进行分类的是（　　）。

A．销售物流　　B．国际物流　　C．回收物流　　D．第三方物流

4．（　　）是指在物流过程中抑制物流对环境造成危害的同时，实现对物流环境的净化，使物流资源得到充分利用。

A．第三方物流　　B．绿色物流

C．第四方物流　　D．企业物流物流

5．下列有关物流对电子商务的影响叙述错误的是（　　）

A．物流是电子商务模型的唯一要素

B．物流是实现电子商务跨区域的重点

C．物流现代化是电子商务的基础

D．物流是实施电子商务的关键

6．电子商务物流系统由（　　）组成。

A．物流功能系统和物流资源系统

B．物流运输系统和物流保管系统

C．物流组织系统和物流运输系统

D．物流作业系统和物流信息系统

7．物流信息系统包括（　　）。

A．装配系统　　B．采购信息系统

C．订单处理系统　　D．生产管理系统

8．下列属于国际上公认的物流条码的是（　　）

A．EAN－33 码　　B．分离三七码

C．UCC/EAN－256 条码　　D．交叉二五码

9．典型的射频识别系统由电子标签、阅读器及（　　）组成。

A．发射器　　B．数据交换管理系统
C．代码分析系统　　D．解码器

10．新型物流不包括（　　）。
A．第四方物流　B．企业物流　C．绿色物流　D．国际物流

三、多项选择题

1．下列属于物流基本要素的有（　　）。
A．储存保管　B．包装　C．生产加工　D．装卸搬运

2．（　　）和（　　）是物流的两大支柱。
A．运输　B．装卸　C．储存　D．包装

3．物流信息技术包括（　　）。
A．空间探测技术　　B．电子数据交换（EDI）技术
C．全球定位系统（GPS）　　D．条形码技术

4．条形码的特点不包括（　　）。
A．简单、易于制作，可印刷　　B．可靠性低
C．采集信息量大　　D．信息采集速度快

5．下列不是电子商务对物流活动的影响的有（　　）。
A．减少了物流的需求
B．促进了物流技术水平与物流管理水平的提高
C．对物流时效性的要求提高
D．物流服务空间进一步拓展

四、简答题

1．简述物流的概念和分类。
2．简述电子商务与物流的关系。
3．简述供应链管理的目标。

实战演练

实战任务一　在网络中搜索第三方物流的相关知识，并选择一个典型的物流企业进行分析。

实战任务二　结合本地的超市分布情况，利用本项目所学的物流技术的知识，列举出企业所使用的物流技术和使用这些技术为企业带来的好处。